DER FESTUNGSKURIER

• • •

AF190114

Beiträge zur Mecklenburgischen Landes- und
Regionalgeschichte vom Tag der Landesgeschichte
im Oktober 2016 in Dömitz

DER FESTUNGSKURIER

• • •

Beiträge zur Mecklenburgischen Landes- und
Regionalgeschichte vom Tag der Landesgeschichte
im Oktober 2016 in Dömitz

Die Grenze an der Elbe

Herausgegeben vom Museum Festung Dömitz – Band 17

Norderstedt 2017

Bibliografische Information der Deutschen Bibliothek

Die deutsche Bibliothek verzeichnet diese Publikation in der Deutschen Nationalbibliografie; detaillierte bibliografische Daten sind im Internet über http:dnb.ddb.de abrufbar.

Der Festungskurier, Band 17
Schriftenreihe des Museums Festung Dömitz
Herausgeber: Museum Festung Dömitz
Herausgeber dieses Bandes: Ernst Münch und Kersten Krüger
Einband: Museum Festung Dömitz

© 2017
Herstellung und Verlag:
BoD – Books on Demand, Norderstedt
ISBN 978 3 7448 8195 1

Inhalt

Vorwort

Dömitz und Grenze sind zwei Begriffe, die fast so eng miteinander verbunden erscheinen wie Dömitz und Festung. Und da Dömitz seine Bedeutung als Festung ebenfalls in erster Linie durch seine Grenzlage erhielt, schließt sich hier wiederum der Kreis.

Diese für Dömitz prägende Verknüpfung von Stadt-, Festungs- und Grenzgeschichte hat daher auch den Tag der Landesgeschichte auf der Festung Dömitz schon mehrfach und mit unterschiedlichen Schwerpunktsetzungen beschäftigt.

Im Jahr 2016 geschah dies fokussiert auf die Grenze und das unmittelbare Grenzgebiet selbst für den Zeitraum, in dem aus Sicht der BRD von der innerdeutschen Grenze, aus Sicht der DDR von der Staatsgrenze die Rede war. Damit gehörte die Elbgrenze auch bei Dömitz zugleich zur weltgeschichtlichen Trennlinie zwischen West und Ost in der zweiten Hälfte des 20. Jahrhunderts.

Das erbitterte Ringen zwischen westlicher und östlicher Welt nahm an der Elbe häufig ganz konkrete und sehr bedrohliche Formen an. Eines dieser Ereignisse, die in der Zeit des Kalten Krieges immer die Gefahr einer militärischen Eskalation beinhalteten, jährte sich 2016 zum 50. Mal und bot den direkten Anknüpfungspunkt für die Beschäftigung mit diesem Thema im engeren und weiteren Sinne.

Am Beispiel dieser Geschichte um das kleine Vermessungsschiff „Kugelbake" im Jahre 1966 erläutert Klaus Lehmann sehr eindringlich, welche akuten Gefahren heraufbeschworen werden können, wenn Ideologien über den gesunden Menschenverstand zu siegen drohen. Der Beitrag enthält zudem eine Reihe sehr aufschlussreicher Fotos, die damals unmittelbar vor Ort entstanden sind.

Ging es bei dem Konflikt um die „Kugelbake" im Jahre 1966 im Kern um die zwischen West und Ost strittige Frage des konkreten Grenzverlaufes an bzw. in der Elbe, so betten zwei weitere Beiträge diese heiß umstrittene Spezialfrage in das generelle Thema der Elbgrenze bzw. der Grenze zwischen der BRD und der DDR insgesamt ein.

Nur wenige Personen können sich zu diesem komplizierten Thema so kompetent äußern, wie der Politiker und Jurist Dieter Schröder, der sich in seiner Laufbahn mehrfach praktisch und theoretisch mit Grenzfragen beschäftigt und hierzu ausführlich quellengestützt wissenschaftlich gearbeitet hat. Neben seinen rein fachlichen Erörterungen sind insbesondere auch seine Hinweise auf jeweils aktuelle Hintergründe aufschlussreich, die der Grenzfrage aus innenpolitischen

Gründen in der BRD, etwa zwischen Parteien oder Bundesländern, oder außenpolitisch, etwa zwischen der BRD und Großbritannien, zu unterschiedlichen Zeitpunkten eine besondere Konjunktur verschafften.

Wolf Karge ergänzt diese Ausführungen, indem er sich auf den Zeitraum und die Problematik seit der Entstehung der Konferenz für Sicherheit und Zusammenarbeit in Europa konzentriert.

Zu den bedrückendsten Aspekten der deutsch-deutschen Grenze in der Zeit des Kalten Krieges zählt ohne Frage das System der Grenzsicherung auf Seiten der DDR. Es ist leicht nachzuvollziehen, weshalb nach dessen Beseitigung bislang fast ausschließlich die Sicht der Opfer dieses Grenzsystems im Mittelpunkt stand. Ebenso verständlich ist auch, dass – aus unterschiedlichsten Gründen – ehemalige Angehörige der DDR-Grenztruppen sich öffentlich kaum zu ihrem Alltag geäußert haben. Die Veranstalter des Tages der Landesgeschichte begrüßten es daher sehr, dass sich Reno Stutz zu einem Beitrag über seine Zeit an der Grenze in den Jahren 1980 bis 1982 entschloss. Seiner Offenheit und seinem Streben nach einer differenzierten und dabei keineswegs beschönigenden Sicht ist Respekt zu zollen.

So bedrückend die Verhältnisse und Vorgänge an der deutsch-deutschen Grenze waren, haben sie doch unfreiwillig dem Naturraum auch an der Elbgrenze durch seinen erzwungenen weitgehenden Schutz vor menschlichen Eingriffen einen guten Dienst erwiesen. Welche Chancen und Möglichkeiten, zugleich aber auch Aufgaben und Verpflichtungen daraus nach dem Fall der Grenze erwachsen, erläutern Johannes Prüter und Norbert Burger am Beispiel des UNESCO-Biosphärenreservates an der Elbe.

Rostock, im September 2017   Ernst Münch

Die Grenzen Mecklenburgs während der Vier-Mächte-Verantwortung für Deutschland als Ganzes 1945–1990

unter besonderer Berücksichtigung des Grenzverlaufs in der Elbetalaue

VON DIETER SCHRÖDER[1]

I. Die Ausgangslage für das Londoner Protokoll über die Besatzungszonen in Deutschland

Die Grenzen der norddeutschen Länder waren von deutscher Seite zuletzt durch das Gesetz über Groß-Hamburg und andere Gebietsbereinigungen vom 26. Januar 1937[2] bestimmt worden. Das betraf auch die Westgrenze Mecklenburgs und mecklenburgische Exklaven in preußischen Provinzen sowie preußische Exklaven in Mecklenburg[3]. Durch eine Verordnung über die Änderung der preußisch-mecklenburgischen Landesgrenzen an der Wakenitz vom 1. März 1941[4]

---

[1] Der Verfasser, Staatssekretär a.D. Prof. Dr. jur. Dr. rer. pol. h.c. Dieter Schröder, war von 1969 bis 1977 Leiter des Referats Berlin-Politik der Vier Mächte in der Berliner Senatskanzlei und hat sich u. a. mit Änderungen der Grenzen der Westsektoren von Berlin im Rahmen des Vier-Mächte-Abkommens von 1972 befasst. Im Nebenamt war er seit 1972 Hochschullehrer am Otto-Suhr-Institut der Freien Universität Berlin. Von 1985 bis 1989 hat er dort im Hauptamt mit Förderung des Bundesministeriums für innerdeutsche Beziehungen eine Sammlung des in Deutschland noch geltenden Besatzungsrechts betreut. Von 1983 bis 1989 hat er außerdem für den Vorsitzenden der SPD-Fraktion des Deutschen Bundestages Dr. Hans-Jochen Vogel Informationsreisen in die DDR einschließlich der jährlichen Zusammenkünfte mit dem Generalsekretär der SED Erich Honecker vorbereitet.1985 erstellte er für die SPD-Fraktion des Deutschen Bundestages ein Gutachten über die Elbe-Grenze, für das das *Foreign Office* den Zugang zu seinem Archiv in London ermöglichte.
Von 1989 bis Anfang 1991 war der Verfasser Chef der Berliner Senatskanzlei und als solcher Mitglied der westdeutschen Delegation bei den Einigungsverhandlungen, wo u. a. auch die Anpassung der Stadtgrenzen von Berlin an die seit 1945 unter Besatzungsrecht erfolgte Siedlungsentwicklung geregelt werden musste. Er lebt seit 1993 in Rostock.

[2] Reichsgesetzblatt 1937 I, S. 91.

[3] Ebenda, § 9.

[4] Reichsgesetzblatt 1941 II, S. 67.

wurde die nach dem Groß-Hamburg-Gesetz mehrfach über den Fluss mäandernde Grenze dann ganz an das Ostufer der Wakenitz verlegt, was für die Freizeitschifffahrt zwischen Lübeck und Ratzeburg nach 1945 große Bedeutung bekommen sollte. Mit der Verordnung über Grenzbereinigungen im Raume der Hermann-Göring-Werke Salzgitter vom 25. Juni 1941[5], die einen Gebietstausch zwischen Preußen und Braunschweig regelte, fand die Entwicklung auf der deutschen Seite einen vorläufigen Abschluss.

In dem Londoner Protokoll über die Besatzungszonen in Deutschland und die Verwaltung von Groß-Berlin vom 12. September 1944[6] nahmen die alliierten Mächte USA, Großbritannien und Sowjetunion sowie 1945 Frankreich gerade auf die letztgenannte Verordnung Bezug und erklärten den Tag ihres Inkrafttretens, den 1. August 1941, zum Stichtag für die bei der Abgrenzung der Besatzungszonen anzuwendenden Bestimmungen über die Länder- und Provinzgrenzen[7].

Zur Definition der sowjetischen Besatzungszone heißt es in demselben Londoner Protokoll:

Eastern (Soviet) Zone (as shown on the annexed map ‚A')
The Territory of Germany (including the province of East Prussia) situated to the East of a line drawn from the point on the Lübeck Bay where the frontiers of Schleswig-Holstein and Mecklenburg meet, along the western frontier of Mecklenburg to the frontier of the province of Hanover, thence along the eastern frontier of Hanover, to the frontier of Brunswick; ...
North-Western (United Kingdom) Zone (as shown on the annexed map 'D')
The Territory of Germany situated to west of the line defined in the description of the Eastern (Soviet) Zone, ...

Dem Londoner Protokoll wurden noch Karten im Maßstab *1:1,6 Millionen (approx.)* beigefügt, auf denen mit einer roten Linie der Verlauf der Zonengrenzen markiert ist, sowie die Landesgrenzen mit der Legende *Boundaries – Länder, 2 Aug. 1941*. Diese Legende korrespondiert mit der schon oben behandelten Vereinbarung in dem Abkommen:

The frontiers of States (Länder) and Provinces within Germany, referred to in the foregoing descriptions to the zones, are those which existed after coming into

---

[5] Reichsgesetzblatt 1941 I, S. 357.

[6] United Nations Treaty Series. Band 227, S. 279 ff.

[7] Ebenda.

effect of the decree of 25th June, 1941 (published in the Reichsgesetzblatt, Part I, No. 72, 3rd July, 1941).

Damit erweisen sich die dem Protokoll beigefügten Karten nur als Orientierungshilfe zur räumlichen Lage der Besatzungszonen. Nach der völkerrechtlichen Rechtsprechung und Lehre haben Grenzbeschreibungen immer den Vorrang vor Karten, insbesondere Karten eines so kleinen Maßstabs wie die dem Londoner Protokoll beigefügten. Ein Zentimeter auf der Karte entspricht 16 Kilometer in der Natur. Die etwa zwei Millimeter breite Grenzlinie hat daher in der Natur eine Breite von etwa drei Kilometern. Der Zusatz *approx.* zeigt schon, dass die Karte nicht zur Festlegung des genauen Grenzverlaufs, sondern nur zur räumlichen Orientierung über die Lage der Besatzungszonen bestimmt war.

In der Elbetalaue verläuft die Markierung der mecklenburgischen Landesgrenze, soweit sie von der Elbe gebildet wird, nach der dem Londoner Protokoll beigefügten Karte außer bei Boizenburg und bei Dömitz am rechten (mecklenburgischen) Ufer. Eine Skizze der Landesgrenzen in diesem Grenzabschnitt, die das Bundesinnenministerium 1979 nach dem Stand von 1944 erstellt hat[8], zeigt den Grenzverlauf in diesem Abschnitt, schon wenn die Elbe an der Löcknitz-Mündung bei Stromkilometer 503,0 Mecklenburg erreicht, in der Strommitte. Die Grenze springt vor Dömitz für 2,5 Kilometer in das Hinterland am Südufer und kehrt dann, bis sie den Neuhauser Streifen, also die Grenze zur preußischen Provinz Hannover, erreicht, für 6,1 Kilometer in die Strommitte zurück. Hinter dem Neuhauser Streifen setzt sie sich für 3,7 Kilometer in der Strommitte fort und wendet sich bei Stromkilometer 558,7 zum Südufer, dem sie für 1,7 Kilometer folgt, bis sie bei Stromkilometer 560,4 jenseits des Südufers für 1,8 Kilometer Vierwerder umrundet und dann bei Stromkilometer 562,2 für 4,1 Kilometer bis zur Landesgrenze wieder in die Strommitte zurückkehrt. Die Grenze Mecklenburgs in der Elbetalaue verläuft nach dem Stand von 1941 also an keiner Stelle am mecklenburgischen Nordufer, sondern bei einer Gesamtlänge von damals knapp zwanzig Kilometern auf fast 14 Kilometern in der Strommitte und auf sechs Kilometern am Südufer oder in dessen Hinterland. Ein Grenzverlauf für die 43,4 Kilometer vor dem Neuhauser Streifen war bis 1945 noch kein Thema.

---

[8] Bundesminister des Innern: 6 Jahre Grenzkommission mit der DDR, Bonn 1979, S. 15.

II. Abänderungen des Verlaufs der Zonengrenze durch die Besatzungsmächte

Mit der Übernahme der obersten Gewalt in Deutschland 1945 erhielten die Vier Mächte auch eine Kompetenz zur Festlegung von inneren Grenzen in Deutschland zu Besatzungszwecken, die von den Landes- und Provinzgrenzen abweichen. Sie machten davon mehrfach Gebrauch. Diese auch Mecklenburg betreffenden Grenzfestlegungen basierten mithin auf Besatzungsrecht und galten grundsätzlich nur für die Dauer der Besetzung, also bis zum Anbruch des 3. Oktober 1990. Von da an müsste grundsätzlich wieder der Rechtszustand von vor dem Beginn der totalen Besetzung gelten, also von vor dem 8. Mai 1945.

Die klare völkerrechtliche Regelung [9] verliert im Fall Deutschlands allerdings dadurch ihre Bedeutung, dass deutsche Gesetzgeber, seien es Bundestag und Bundesrat, Volkskammer oder Landtage hinsichtlich der äußeren und inneren Grenzen Deutschlands vor 1990 mit expliziter Billigung der Besatzungsmächte Veränderungen beschlossen haben, mit denen die reichsrechtlichen Festlegungen von 1941 und damit die Zonengrenzen abgeändert wurden. Dies betrifft nicht zuletzt die Grenzen Mecklenburgs, wobei der Grenzverlauf in der Elbetalaue mit Blick auf reichsrechtliche, besatzungsrechtliche und DDR-rechtliche Festlegungen eine eingehende Betrachtung verlangt. Es geht immerhin um die territoriale Identität eines deutschen Landes nach einem halben Jahrhundert internationaler Kontrolle in Deutschland.

Grenzfragen wurden von den Vier Mächten von Anfang an als sehr wichtige Fragen behandelt, da sie besonders konfliktträchtig sein konnten. Großbritannien, auf das es bei Grenzen Mecklenburgs besonders ankommt, hat bis 1990 einen *Frontier Inspection Service* mit Sitz in Bad Oynhausen unterhalten und neben Beobachtungen aus Hubschraubern von Zeit zu Zeit gut erkennbare uniformierte Patrouillen vor allem über die Elbdeiche durchgeführt. Die Sowjetunion, die andere für die Grenzen Mecklenburgs bestimmende Macht hat bis 1949 die Kontrolle der Grenze ihrer Zone durch eigenes Personal ausgeführt, später wirkte sie flankierend zum Souveränitätsgehabe der DDR offen nur an den drei Checkpoints Alpha (Marienborn), Bravo (Drewitz bei Potsdam) und

---

[9] Vgl. z. B. GROTIUS, Hugo: De jure belli ac pacis. Drittes Buch, 20. Kapitel XVI. STRUPP, Karl: Grundzüge des positiven Völkerrechts. 4. Auflage. Bonn 1928, S. 245. VERDROSS, Alfred: Völkerrecht. 3. Auflage. Wien 1955, S. 382.

Charlie (Friedrichstraße in Berlin), sie inspizierte andere kritische Punkte im Schutz der Nacht[10].

Bereits am 5. Juli 1945 kam es zur ersten und bedeutendsten besatzungsrechtlichen Veränderung der Grenze Mecklenburgs. Mit Befehl der Sowjetischen Militäradministration in Deutschland Nr. 5 vom 5. Juli 1945 wurde *der Westteil von Pommern – die Stadt Stettin ausgenommen*, wie es in dem Befehl heißt, also der westlich der Oder-Neiße-Linie gelegene Teil der preußischen Provinz Pommern ohne Stettin dem Land Mecklenburg angeschlossen[11]. Das waren knapp zwanzig Prozent der Fläche der ehemaligen preußischen Provinz Pommern mit einer ganz besonderen historischen Identität, nämlich das ehemalige Schwedisch-Pommern und das ehemalige Preußisch-Vorpommern mit den westlich der Oder gelegenen Teilen des Kreises Randow, des Umlandkreises von Stettin. Rund dreißig Prozent der Fläche Mecklenburgs entstammten jetzt dem Nachlass des längst untergegangenen Herzogtums Pommern. Die deutschen Behörden bezeichneten das erweiterte Land als Mecklenburg-Vorpommern, bis die Sowjetische Militäradministration darauf hinwies, dass es sich von Anfang an um eine Eingliederung gehandelt habe und das Land als Mecklenburg zu bezeichnen sei[12]. Die Ostgrenze Mecklenburgs war also schon 1945 besatzungsrechtlich bis in das Umland der Stadt Stettin, in das Stettiner Haff und auf Usedom bis an die Stadtgrenze von Swinemünde, also den Nordabschnitt der heutigen deutsch-polnischen Grenze, verschoben worden. Ähnliche Angliederungen preußischer Provinzen hatte es damals auch in der britischen Zone gegeben[13], obwohl das Kontrollratsgesetz Nr. 46 über die Auflösung Preußens erst am 25. Februar 1947 beschlossen[14] worden und in Kraft getreten ist.

---

[10] Dazu SCHRÖDER, Dieter: Die räumliche Entwicklung des Berliner Stadtgebiets in der Vier-Mächte-Zeit 1945-1990. In: Berlin in Geschichte und Gegenwart. Jahrbuch des Landesarchivs Berlin 1995. Berlin 1995, S. 9–35, hier S. 21 f.

[11] Befehl Nr. 5 des Obersten Chefs der sowjetischen Militäradministration in Deutschland. In: Befehle des Obersten Chefs der SMAD, Sammelheft 1 1945, Berlin 1946, S. 13 (dort Ziffer 2 Absatz a); vgl. auch Tägliche Rundschau vom 12.09.1945, S. 1.

[12] Bekanntmachung vom 01.05.1947 betr. Amtliche Bezeichnung der Landesregierung und des Landes Mecklenburg vom 1. 3.1947 (Regierungsblatt für Mecklenburg 1947, S. 21). Die Verfassung des Landes vom 16.1.1947 war allerdings schon vorher als Verfassung von Mecklenburg bezeichnet worden. Regierungsblatt für Mecklenburg 1947, S. 14.

[13] Zum Beispiel Britische Militärregierung, Verordnung Nr. 55 vom 01.11.1946. Amtsblatt der Britischen Militärregierung 1946, S. 341.

[14] Amtsblatt des Kontrollrats für Deutschland 1947, S. 262; Regierungsblatt für Mecklenburg 1947, S. 14.

III. Das Problem einer Grenze in der Elbetalaue

Zu den vordringlichsten Zielen der Mächte für die Politik in Europa gehörte die rasche Wiederherstellung des europäischen Verkehrsnetzes als Voraussetzung für die wirtschaftliche Gesundung des Kontinents. Große Bedeutung für den Gütertransport kam dabei den Wasserstraßen zu. Die Potsdamer Dreimächtekonferenz sah als erste Maßnahme zum Wiederaufbau Deutschlands die Instandsetzung des Verkehrswesens vor[15]. Es bedurfte auch einer Instandsetzung der Elbe als wichtiger Verbindung zwischen der Tschechoslowakei und den Nordseeanrainer-Staaten.

Zunächst hatten britische und amerikanische Truppen Westmecklenburg eingenommen. Am 1. Juli hatten sie sich aus dem nach dem Londoner Protokoll zur sowjetischen Besatzungszone gehörenden Gebiet zurückgezogen. Alle Brücken über die Oberelbe zwischen Dömitz und Lauenburg waren zerstört. Jetzt war das zur preußischen Provinz Hannover, also zur britischen Zone, gehörende rechtselbisch gelegene Amt Neuhaus von der britischen Zone aus auf dem Landweg nur noch durch die sowjetische Zone zu erreichen. Ende Juli 1945 übersandte Großbritannien dem Kontrollrat für Deutschland ein auf den 25. Juli 1945 datiertes Memorandum über eine zwischen den verantwortlichen britischen und russischen Befehlshabern getroffene Vereinbarung über eine Änderung der Grenzen der britischen Zone durch Eingliederung des Amtes Neuhaus in die sowjetische Zone, wodurch die Elbe zu einer natürlichen Grenze zwischen den Zonen würde[16]. Begründet wurde das mit der vorgefundenen Situation, dass nämlich durch die Zerstörung aller Brücken eine Kontrolle dieses rechtselbischen Gebietsstreifens der britischen Seite kaum möglich sei. Am 30. Juli billigte der Kontrollrat die Vereinbarung. Damit wuchs Mecklenburgs Grenze an der Elbe auf mehr als sechzig Kilometer und umfasste nun den größten Teil des Grenzabschnitts, an dem später die Elbe die innerdeutsche Grenze zwischen der Bundesrepublik Deutschland und der DDR bildete.

Am 5. Juli 1945 erging eine Anweisung des Kontrollrats (britisches Element) an die Wasserschutzpolizei-Gruppe Hamburg, dass ihr die Wasserschutzpolizei-Wache Lauenburg unterstellt wird, die – mit zwei Patrouillenbooten und zwei Motorrädern ausgerüstet – Patrouillen auf den zur britischen Zone gehörenden Elbe-Abschnitten zwischen Borghorst und der Gegend von Dömitz aus-

---

[15] Bericht über die Dreimächtekonferenz von Berlin (Potsdam) vom 2.8.1945 Punkt III Ziffer 17a). Amtsblatt des Kontrollrats für Deutschland, Ergänzungsblatt Nr.1, 1945, S. 13.

[16] Public Record Office London, Foreign Office 371/47734.

zuführen hat, wobei sie sich streng südlich des „mid-channel" (der Schifffahrts-rinne) zu halten habe[17]. Sowjetische Boote befuhren die nördliche Seite des Stroms[18].

IV. Weitere Veränderungen der Grenze Mecklenburgs durch die Besatzungsmächte

Schon bald stellte sich heraus, dass auch der gewundene Verlauf der mecklen-burgisch-preußischen (lauenburgischen) Grenze zwischen dem Ratzeburger See und dem Schaalsee Probleme bereitete. Die lauenburgische Gemeinde Mustin war von Ratzeburg nur auf der Landstraße über das mecklenburgische Ziethen zu erreichen, was eine Fahrt von vier Kilometern durch die sowjetische Zone bedeutete. Die Landwege in das lauenburgische Kirchspiel Lassahn, östlich des Schaalsees gelegen, führten im Norden wie im Süden immer über mecklenbur-gisches Gebiet, also durch die sowjetische Zone. Die Russen behinderten den Verkehr der Engländer wie der Deutschen auf diesen Wegen, versperrten sie so-gar ganz[19]. Am 13. November 1945 vereinbarten zu Gadebusch das Oberkom-mando der Roten Armee, vertreten durch Generalmajor Lyaschenko, und das Hauptquartier der britischen Rheinarmee, vertreten durch Generalmajor Barber, mit Wirkung vom 28. November 1945 einen Gebietsaustausch, durch den vier mecklenburgische Gemeinden zur britischen Zone und vier lauenburgische Ge-meinden zur sowjetischen Zone kamen.[20]

---

[17] Abdruck bei SCHRÖDER, Dieter: Die Elbe-Grenze. Rechtsfragen und Dokumente. Baden-Baden 1986, S. 76.

[18] Ebenda.

[19] Vgl. BOROWSKI, M.: Der Austausch von lauenburgischen Grenzgebieten gegen mecklen-burgische Grenzgebiete durch die russische und englische Besatzungsmacht im November 1945. In: Mitteilungen des Heimatbundes für das Fürstentum Ratzeburg von 1901, Jahrgang 1995. Doppelheft 1, S. 16–20, hier S. 18.

[20] Text des Barber-Lyaschenko-Vertrags – auch Gadebuscher Vertrag genannt – in nicht amt-licher deutscher Übersetzung bei ERICH, Richard: Der Austausch von lauenburgischen Grenz-gebieten durch die Besatzungsmächte im November 1945. In: Lauenburgische Heimat, Neue Folge, Heft 87 (1976), S. 34–52.

V. Bemerkenswerte Behandlung des Fiskalvermögens in den ausgetauschten Gebieten

Mit dem Barber-Lyaschenko-Abkommen wurden mecklenburgische Gebietsteile der britischen Besatzungszone zugeordnet. Für die deutschen Behörden in der britischen Zone war klar, dass es sich nur um eine besatzungsrechtliche Regelung handeln könnte, die nach dem Ende der Besetzung ihre Wirkung verliert, so dass das Eigentum des mecklenburgischen Fiskus in diesen Gebieten, beispielsweise die Domänen Mechow und Römnitz oder das ehemalige Forsthaus im Bäker Kupfermühlental, nicht Eigentum des Landes Schleswig-Holstein würde, sondern von einem Treuhänder für Mecklenburg verwaltet werden müsste. Seit 1965 unterstand der Treuhänder dem Bundesminister des Innern, und zwar mit der Maßgabe, dass die treuhänderische Verwaltung mit der Wiedervereinigung Deutschlands oder einer friedensvertraglichen Regelung nach Artikel 7 des sogenannten Deutschlandvertrags endet[21]. Zusammen mit der schon durch das Groß-Hamburg-Gesetz 1937 von Mecklenburg abgetrennten Ratzeburger Domhalbinsel bildeten diese Gebiete seit der Teilung Deutschlands ein Zentrum für die im Westen lebenden Mecklenburger und ihre Landsmannschaft. In einem Nebengebäude des Doms lagerte das für die Familienforschung bedeutsame Mecklenburger Kirchenbuch-Archiv. Die der sowjetischen Besatzungszone zugeordneten alt-lauenburgischen Gebiete wurden anders behandelt. Die Landesregierung von Mecklenburg veröffentlichte im Regierungsblatt 1946[22] eine *Bekanntmachung betr. Änderung von Kreis- und Gemeindebezirken, die Änderung von Ortsbezeichnungen u.s.w. vom 29. Juni 1946*, die unter Nr. 5 die mit dem Barber-Lyaschenko-Vertrag übertragenen lauenburgischen Gebiete ohne Vorbehalte als mecklenburgische Gemeinden benennt. Die Bodenreform wurde auch in diesen Gemeinden durchgeführt und später die Kollektivierung der Landwirtschaft. Hier zeigte sich schon früh die Vorstellung von der Unumkehrbarkeit der Entwicklung zur sozialistischen Gesellschaft.

Für das am linken (südlichen) Elbufer gegenüber Dömitz gelegene Kaltenhofer Viereck, das zu Mecklenburg gehörte, war eine Treuhandregelung nicht

---

[21] § 27 Abs. 1 Rechtsträgerabwicklungsgesetz vom 06.09.1965 Bundesgesetzblatt 1965 I, S. 1065 (künftig BGBL). Nach der Vereinigung 1990 wurde das Treuhandvermögen an die Berechtigten beziehungsweise ihre Rechtsnachfolger übergeben gemäß Nr. 12 der Anlage III zum Einigungsvertrag. BGBL. 1990 II, S. 1237. Bundesgesetzblatt auch im Internet: https://www.bgbl.de/xaver/bgbl/start.

[22] Regierungsblatt für Mecklenburg 1946, S. 129.

erforderlich, da dort das um den Kopf der Eisenbahnbrücke vorhandene Fiskaleigentum zum Vermögen der Deutschen Reichsbahn gehörte, das zunächst von den Behörden des Vereinigten Wirtschaftsgebiets verwaltet wurde und schon mit dem Bundesbahngesetz vom 31. Dezember 1951 zum Bundesbahnvermögen wurde[23]. Im Übrigen gab es da nur zwei Bauernstellen, die die Vorzüge der britischen Zone genossen. Ähnlich war die Lage der gegenüber Boizenburg gelegenen Vierwerder Halbinsel, die auch zu Mecklenburg gehörte, auch da war eine Treuhandregelung nicht erforderlich, da die Grundstücke Eigentum von Bauern in dem angrenzenden Dorf Bleckede waren.[24]

VI. Die britisch-sowjetische Grenzkommission 1945–1948

Mit den oben genannten beiden Abkommen waren alle Probleme an der Grenze Mecklenburgs in der Elbetalaue aber noch nicht gelöst. Allein schon weil der 43,4 Kilometer lange Neuhauser Streifen nach Südwesten durch die Elbe begrenzt war, musste der genaue Verlauf der Zonengrenze in diesem Elbeabschnitt festgelegt werden. Eine britisch-sowjetische Grenzkommission (*Border Commission*) hatte sich schon 1945 mit der Grenze in der Elbe befasst und sich verständigt zu empfehlen, dass die Mitte des Flusses die Grenze zwischen den Besatzungszonen sein sollte. Das entsprach weitgehend dem Verlauf der Landes- und Provinzgrenzen an beiden Enden des Neuhauser Streifens. Es hätte auch eine Entstehung sowjetischer Brückenköpfe auf den mecklenburgischen Gebieten am Südufer vor Dömitz und Boizenburg ausgeschlossen. Die Briten hatten die sowjetische Seite gedrängt, diese Empfehlung zu ratifizieren, aber nichts war geschehen. Höhere sowjetische Stellen sollen damals die Mitte der Schifffahrtsrinne als Grenze gefordert haben. Mit der Abkehr der Sowjetunion vom Kontrollrat 1948[25] endete auch die Arbeit dieser Grenzkommission.

Die Sowjetunion hatte schon am 8. Juni 1945, also ehe ihr der Neuhauser Streifen übertragen wurde, eine West[wasserstraßen]verwaltung mit Zuständigkeit für die Elbe von Dresden bis Lauenburg angeordnet[26]. Mit Befehl der Sow-

---

[23] BGBL (wie Anm. 21) 1951 I, S. 955, dort § 53 Abs. 2.

[24] Auskunft des Stadtmuseums Boizenburg.

[25] Zur weiteren Wahrnehmung von Kontrollratsfunktionen SCHRÖDER, Dieter: Die gegenwärtigen Kontrolleinrichtungen der Vier Mächte in Deutschland. In: Archiv des Völkerrechts 23 (1985), S. 42-73.

[26] Befehl der Militärischen Einheit Feldpostnr. 52734 Nr. 086/13. Landeshauptarchiv Schwerin (künftig LHAS) 10.9 – S/32 Kasten 1 Mappe 3.

jetischen Militäradministration vom 1. August 1945 wurden Wasserverkehrsdi-
rektionen gebildet[27]. Die Westdirektion mit Sitz in der Stadt Brandenburg war
auch für die Elbe zuständig. Nach der Übertragung der Wasserstraßen in die
Verantwortung deutscher Behörden unter sowjetischer Kontrolle am 7. September 1945[28] wurde der Amtsbezirk dann als Elbe von Pirna bis Dömitz bestimmt,
obwohl zu dem Zeitpunkt der Neuhauser Streifen schon zur sowjetischen Zone
gehörte. Die Sowjetunion errichtete in Vorwegnahme eines geplanten aber nie
gefassten Kontrollratsbeschlusses mit Befehl der Sowjetischen Militäradministration vom 12. September 1945 Deutsche Zentralverwaltungen, die nur in der
sowjetischen Besatzungszone tätig wurden[29]. Mit SMAD-Befehl vom 7. Februar
1946 erfolgte eine Reorganisation der Deutschen Wasserstraßendirektion[30]. Die
Zentralverwaltung für Verkehr – *Generaldirektion Schiffahrt* (Abteilung Wasserstraßen) – ordnete durch Verfügung vom 17. Oktober 1947[31] die Amtsbezirke
der Wasserstraßenämter neu, und zwar wurde die rechte Elbstrecke von Dömitz
bis zur Zonengrenze bei Lauenburg dem Amt Wittenberge übertragen. Man ging
also, sicher nicht ohne Rücksprache bei sowjetischen Stellen davon aus, dass die
Mitte der Schifffahrtsrinne die Grenze bildete.

Für die Schifffahrt, die im August 1946 wiederaufgenommen wurde, waren unverzüglich praktische Probleme zu lösen. Die Schifffahrtsrinne war durch
Peilungen zu überprüfen. Sie musste beräumt werden. Trümmer zerstörter Brücken und Wracks von gesunkenen Kähnen mussten entfernt werden. Baken und
andere Schifffahrtszeichen mussten auf beiden Ufern gesetzt werden. Dazu
mussten die Wasserstraßenämter Wittenberge (sowjetische Zone), verantwortlich für die rechte Stromseite, und Hitzacker (britische Zone), verantwortlich für
die linke Stromseite, zusammenarbeiten. Anfang Februar 1946 kamen deshalb
in Hitzacker Vertreter der Wasserstraßendirektion Oberelbe (Hamburg), der Generaldirektion Schiffahrt (Berlin) sowie der beiden Wasserstraßenämter mit
zwei Offizieren der sowjetischen Elbekommandantur Dömitz zusammen.[32]

---

[27] Befehle des Obersten Chefs der Sowjetischen Militäradministration, Sammelheft 1 1945.
Berlin 1946, S. 28.

[28] Übernahmeurkunde vom 7.9.1945, LHAS 10.9 – S/32 Kasten 1 Mappe 3.

[29] Befehle des Obersten Chefs der Sowjetischen Militäradministration, Sammelheft 1 1945,
Berlin 1946, S. 34.

[30] Befehle des Obersten Chefs der Sowjetischen Militäradministration, Sammelheft 2 1947,
Berlin 1947, S. 35.

[31] Zentralverwaltungsblatt.

[32] Protokoll der Besprechung bei SCHRÖDER (wie Anm. 17), S. 82 f.

In einem Bericht der Hauptabteilung Transport der SMAD-Abteilung Gewässer von 1947 wird die Elbe bis Boizenburg als Binnenwasserstraße in der sowjetischen Besatzungszone ausgewiesen[33]. Die örtlichen britischen Offiziere gingen zu dieser Zeit davon aus, dass sie vor dem Neuhauser Streifen und an den anderen Stellen, wo die Provinzgrenzen das Nordufer überschritten – gemeint waren die Lütkenwischer Wiesen –, die Kontrolle über die ganze Breite des Flusses hätten[34]. Die britisch-sowjetische Grenzkommission hatte hier schon 1945 Klarheit schaffen wollen.

In einem Bericht des britischen Landeskommissars für Niedersachsen aus dem Jahre 1952 wird ein sowjetisches Schreiben von 1947 referiert, in dem die Sowjetische Seite *die Ländergrenze als Interzonengrenze betrachtet*[35]. Das bedeutet, dass auch für die sowjetische Seite zumindest außerhalb des Neuhauser Streifens die Grenze ihrer Zone in der Elbetalaue in der Strommitte verläuft.

Im Herbst 1948 – die Berlin-Blockade war in vollem Gange – startete der britische General Controller Cuxhaven die Operation „November" zur Situation der Ostgrenze der britischen Zone im Elbe-Abschnitt. Commander Cambridge berichtete da, dass die Zonengrenze bei Schnackenburg, also in Höhe Boizenburg, nicht mit der Provinzgrenze übereinstimmt, sondern 1945 abgeändert wurde. Ein bereits im Oktober 1948 erstellter Bericht des britischen Grenzkontrolldienstes Uelzen weist darauf hin, dass die sowjetischen Stellen die Mitte der Elbe als Grenze annehmen, während die britische Binnenschifffahrts-Kontrolle, das russische (Nord-)Ufer als Zonengrenze ansieht. Der *Chief Frontier Control Officer* in Hamburg stellte dann aber unter dem 27. November 1948 fest, dass die Demarkationslinie zwischen Lauenburg und Schnackenburg in der Mitte des Flusses verläuft[36].

Im Oktober 1951 berichtete Brigadier Gibson, der örtliche britische Offizier, der Kanzlei des britischen Hohen Kommissars, dass bis zum Mai des Jahres die Kontrolle des Elbe-Abschnitts den britischen Zonen-Behörden überlassen gewesen sei, dann seien jedoch von Streifenbooten der Volkspolizei in der britischen Zone registrierte Schiffe kontrolliert worden. Der deutsche Zollgrenzdienst sei besorgt. Die Volkspolizei habe sich auf das Binnenwasserstraßenrecht

---

[33] Vgl. mit weiteren Einzelheiten ebenda, S. 52–54.

[34] Bericht des Brigadiers Gibson an die Kanzlei des britischen Hohen Kommissars. Public Record Office London FO 1075/55 Blatt 22c; auszugsweiser Abdruck bei SCHRÖDER (wie Anm. 17), S. 88.

[35] Public Record Office London FO 1073/52 Blatt 31.

[36] Auszugsweiser Abdruck bei SCHRÖDER (wie Anm. 17), S. 85–87.

der DDR berufen[37]. Die Elbe wurde also als Binnenwasserstraße der DDR betrachtet. Erst 1966 durch das Verhalten im Fall *Kugelbake* wurde seitens der
DDR ein Grenzverlauf in der Mitte der Schifffahrtsrinne bekräftigt[38].

Ende Dezember 1951 teilte die Kanzlei des Hohen Kommissars mit, die
für die Grenzfeststellung entscheidenden Dokumente seien die Grenzbeschrei-
bung des Londoner Protokolls von 1944/1945, die Entscheidung des Kontrollrats zum Neuhauser Streifen und die Vereinbarung über Grenzänderungen bei
Lübeck – soll heißen Ratzeburg.

In einem Schreiben des Politischen Referats des britischen Landeskommissars in Hannover an die Unterabteilung Innere Angelegenheiten der Kanzlei
des britischen Hohen Kommissars vom 26. September 1952[39] war mit beigefügten Karten der Unterschied dargestellt worden, der im Elbe-Abschnitt zwischen
den Provinzgrenzen, den Ergänzungen des Kontrollrats und örtlicher britischer
und sowjetischer Militärkommandanten von 1945 sowie der Grenzfeststellung
der britischen Rheinarmee von 1948 besteht, und festgestellt worden, dass ab-
weichend von den Provinzgrenzen die Elbegrenze *in accordance with common
international practice* und nach den Feststellungen der Rheinarmee in der Mitte
des Flusses verläuft.

VII. Britische Anweisungen für den Bundesgrenzschutz

1951 war der Bundesgrenzschutz aufgestellt worden, dem die Überwachung der
Grenzen des Bundesgebiets, also auch der Zonengrenze, übertragen war[40]. Seine
Boote waren in Hitzacker stationiert. Eine Deutsche Grenzpolizei unter sowjetischer Kontrolle war schon 1946 gebildet worden. Aus ihr gingen die Grenztruppen der DDR hervor[41], die von Dömitz und Boizenburg aus die Elbe befuhren
und zwar die Nordseite des Flusses bis zur Mitte der Schifffahrtsrinne, auch
wenn diese südlich der Mittellinie des Flusses verlief[42].

---

[37] Ebenda, S. 88.

[38] Dazu Dokumentation der beteiligten Hamburger Behörden von 1974 S. 19. Fragment im
LHAS 10.9.-S/32 Kasten 1 Mappe 3.

[39] Public Record Office, London, FO 1073/55; Abdruck bei SCHRÖDER (wie Anm. 17), S. 90.

[40] Gesetz über den Bundesgrenzschutz vom 16.3.1951, § 2 Satz 1. BGBl (wie Anm. 21) 1951
I, S. 201.

[41] Vgl. DDR-Handbuch, Band I. Bonn 1985, S. 575 f.

[42] Bundesinnenminister Maihofer in der Aktuellen Stunde des Deutschen Bundestages vom
14.11.1974. Texte zur Deutschlandpolitik, Reihe 2. Band 2. Bonn 1976, S. 325.

Am 16. Juni 1952 hatte ein vertrauliches Gespräch zwischen dem britischen *Frontier Inspection Service* und dem Bundesgrenzschutz stattgefunden, in dem von britischer Seite klargestellt worden war, dass von einer Grenzverletzung nur gesprochen werden könnte, wenn die Demarkationslinie berührt wird, die sich, wie in der Beschreibung der Grenze von 1948 bekräftigt, aus einer Verknüpfung der Provinzgrenzen mit den bilateralen Abänderungen von 1945 ergibt[43].

In einem Schreiben des *Frontier Inspection Service* an den Bundesminister der Finanzen vom 29. August 1952 heißt es: *We have always claimed that the North bank is the Interzonal boundary ... However it has not been possible finally to decide this matter to date.*

Die Übersetzung in den deutschen Akten beginnt mit den Worten *es war immer unser Standpunkt*. In Cassell's German & English Dictionary beispielsweise wird *claim* allerdings mit *fordern, beanspruchen...behaupten* übersetzt. Was in Schreiben des britischen *Frontier Inspection Service* als Wunsch oder Forderung dargestellt wird, erscheint in der deutschen Übersetzung als wirkliche Rechtsbehauptung. Zollbehörden in Niedersachsen hatten schon seit 1951 darauf beharrt, dass das Nordufer die Zonengrenze ist[44]. Das hätte ohne Frage den Zolldienst erleichtert.

VIII. Die Umgliederung Mecklenburgs in Bezirke

Als mit dem Gesetz über die weitere Demokratisierung des Aufbaus und der Arbeitsweise der staatlichen Organe in den Ländern der Deutschen Demokratischen Republik vom 23. Juli 1952[45] der Umbau der DDR in einen zentralistischen Staat formal begann, wurden die Länder beauftragt, eine Neugliederung ihres Gebietes in Kreise vorzunehmen und jeweils mehrere Kreise zu Bezirken zusammenzufassen[46]. Der Landtag des Landes Mecklenburg beschloss am 25. Juli 1952 ein Gesetz über die weitere Demokratisierung des Aufbaus und der Arbeitsweise der staatlichen Organe im Lande Mecklenburg[47]. *Das Gebiet des Landes Mecklenburg*, heißt es darin wörtlich, *wird in 35 Landkreise und vier*

---

[43] Ebenda, S. 89.

[44] Dazu Dokumentation der beteiligten Hamburger Behörden von 1974, S. 21 f. Fragment in LHAS 10.9 – S/32 Kasten 1 Mappe 3.

[45] Gesetzblatt der DDR (künftig GBLDDR) 1952, S. 613. Gesetzblatt der DDR im Internet: http://www.bundesarchiv.de/findbuecher/sapmo/b_gblddr/.

[46] Ebenda, § 1 Abs.1 und § 2 Abs.1.

[47] Regierungsblatt für Mecklenburg 1952, S. 61.

Stadtkreise gegliedert. [48] Aus der anschließenden Bezeichnung der Kreise und noch klarer aus dem beigefügten Verzeichnis der kreisangehörigen Gemeinden ergibt sich, dass es sich beim *Land Mecklenburg* um das 1945 besatzungsrechtlich geschaffene nordostdeutsche Territorium handelt, das nun in die drei Bezirke Rostock, Schwerin und Neubrandenburg gegliedert wird, damit aber noch nicht verschwindet. Diese Ableitung der Bezirke aus dem Land ist bemerkenswert. Sie kann ihre Erklärung darin finden, dass die Zonengrenzen in den eingangs behandelten Vereinbarungen der Vier Mächte über die Besetzung Deutschlands mit Ländergrenzen definiert werden und die Sowjetunion keinen Zweifel an der Abgrenzung ihrer Zone zulassen wollte, ähnlich wie in einer Direktive für die Oberkommandierenden der Britischen Streitkräfte in Deutschland aus dem Jahre 1953 davon gesprochen wird, dass die Alliierten Besatzungszonen *in theoretical existence* erhalten bleiben. Die in der deutschen Literatur verbreitete Auffassung, dass spätestens mit dem Gesetz über die Auflösung der Länderkammer vom 8. Dezember 1958[49] die Länder in der DDR beseitigt sind,[50] bedarf dann wohl noch einer Präzisierung. Denn weder in dem Gesetz noch in der Präambel des Gesetzes ist etwas zum Status der Länder gesagt. Das Gesetz betrifft nur die Länderkammer. Das Gesetz nimmt den in Bezirke zergliederten Ländern das Recht zur Mitwirkung an der Gesetzgebung. Sie bleiben nur leere Hüllen, die allerdings zur Definition des sowjetischen Machtbereichs nach dem Londoner Protokoll von 1944 unverzichtbar sind.

Der Oberkommandierende der Gruppe der sowjetischen Streitkräfte in Deutschland, Tshuikow, soll am 19. August 1952 eine *Karte über den Verlauf der Demarkationslinie* unterzeichnet haben, die die Grenze im Elbabschnitt in der Flussmitte ausweist[51]. Diese Bekräftigung der sowjetischen Verantwortlichkeit für die Grenze korrespondiert bemerkenswerterweise mit den Maßnahmen der drei Westmächte.

---

[48] Ebenda, § 1 Abs.1.

[49] GBLDDR (wie Anm. 45) 1958 I, S. 867.

[50] Vgl. zum Beispiel DDR Handbuch, Band I, 3. Auflage, Köln 1985. S. 782. – WEIDENFELD, WERNER; ZIMMERMANN, HARTMUT (Hrsg.): Deutschland-Handbuch. Eine doppelte Bilanz 1949-1989. Bonn 1989, S. 74 und S. 468. ROGGEMANN, Herwig: Die DDR-Verfassungen. 3. Auflage. Berlin 1989, S. 53.

[51] Der Bundesbeauftragte für die Unterlagen des Staatssicherheitsdienstes: Archiv der Zentrastelle MfS-HA VII Nr. 8424 *Vorbereitungsmaterial für ein informelles Gespräch mit dem Bundesminister und Chef des Bundeskanzleramtes der BRD, W. Schäuble,* Anlage *Einvernehmliche Regelung der Elbegrenze,* S. 4.

Schon 1950 war auf der Grundlage des Gesetzes zur Änderung der Grenzen der Länder[52] der im westlichen Umland der Stadt Stettin neu gebildete Landkreis Randow zwischen den Kreisen Pasewalk und Prenzlau sowie dem brandenburgischen Kreis Angermünde aufgeteilt worden. 1952 war der brandenburgische Kreis Templin in den mecklenburgischen Bezirk Neubrandenburg eingegliedert worden, und der brandenburgische Kreis Perleberg in den mecklenburgischen Bezirk Schwerin. Von da an gehörte der ganze Elbabschnitt, an dem der Fluss die innerdeutsche Grenze bildete, zum Bezirk Schwerin und damit zum Bereich der Schweriner Sicherheitsorgane.

IX. Die Grenzfrage und die Souveränität der beiden deutschen Staaten

Mit der Präambel des Vertrages über die Beziehungen zwischen der DDR und der UdSSR vom 20. September 1955[53] wurde die Bedeutung der Londoner Vereinbarungen von 1944/45 zunächst bekräftigt und dann im ersten Artikel die Souveränität der DDR anerkannt. Die Zonengrenzen wurden also nicht zur Disposition der DDR gestellt. Die Sowjetunion zog sich allerdings aus der sichtbaren Aufsicht über die Grenze der DDR zur Bundesrepublik zurück, und die DDR, die bis dahin die innerdeutsche Grenze als *Demarkationslinie* bezeichnet hatte, verwendete nun zunehmend die Bezeichnung *Staatsgrenze*.

Seit 1951 gab es auch eine Bereitschaft der Westmächte, der Bundesrepublik Deutschland größere Rechte zuzugestehen. Sie führten zum sogenannten Deutschlandvertrag vom 1952/1954, mit dem die Bundesrepublik zwar *die volle Macht eines souveränen Staates* erhielt, die drei Westmächte sich aber ihre Rechte und Verantwortlichkeiten in Bezug auf Deutschland als Ganzes vorbehielten[54]. Daher wirkten die Kontrolleinrichtungen der Vier Mächte in den vorbehaltenen Gebieten weiter[55].

Schon am 11. Mai 1953 hatte die Alliierte Hohe Kommission der Bundesregierung ein Memorandum zur Feststellung der Grenzen zwischen den Westzonen und der sowjetischen Zone übermittelt, dem mehrere Karten beigefügt waren. Es wurden dort dargestellt: mit einer roten Linie die Landes- und Provinzgrenzen von 1945, auf die das Londoner Protokoll Bezug nimmt, mit einer grünen Linie die durch den Kontrollrat oder Vereinbarungen zwischen ört-

---

[52] Gesetz vom 28.06.1950. GBLDDR (wie Anm. 45) 1950, S. 631.

[53] Ebenda 1955, S. 918.

[54] BGBL (wie Anm. 21) 1955 II, S. 301: Art.1 Abs. 2 und Art. 2.

[55] Dazu SCHRÖDER (wie Anm. 25), S. 42–73.

lichen Kommandanten vorgenommenen Veränderungen gegenüber dem Londoner Protokoll und mit einer blauen Linie die Grenzfeststellung der Rheinarmee.
Die rote Linie zeigt einen Grenzverlauf in der Strommitte der Elbe außerhalb
des Neuhauser Streifens, die grüne Linie zeigt einen Grenzverlauf in der Strommitte beim Neuhauser Streifen und die blaue Linie zeigte die Grenze über die
ganze Länge in der Strommitte.

Am 8. Juni 1953 war die erwähnte geheime Direktive für die Oberkommandierenden der britischen Streitkräfte in Deutschland für Innere Sicherheit
und Kontrolle der Grenze zur sowjetischen Zone nach dem Inkrafttreten der
Bonner Verträge ergangen. *Bonn Treaty* war die offizielle Bezeichnung des Ver-
tragswerks, das in der deutschen Literatur vorzugsweise Deutschland-Vertrag
genannt wird[56]. Darin wurde dargelegt, dass auch nach Inkrafttreten dieser Verträge die Kontrolle der Grenze zur sowjetischen Zone und der Umgang mit den
sowjetischen Behörden den Oberkommandierenden vorbehalten bleibt. Zu diesem Zweck blieben die bestehenden Besatzungszonen eben *in theoretical existence*. Und die *Frontier Inspection Service Officers* wurden dem Oberkommandierenden unterstellt.

Am 24. November 1954 sah sich der britische Generalkonsul in Hannover
veranlasst, dem niedersächsischen Ministerpräsidenten in einem Aide-Memoire
die britische Auffassung vom Grenzverlauf in der Strommitte nachdrücklich dar-
zustellen[57]. Schon 1954 hatte die britische Seite das Hauptzollamt Uelzen gebe-
ten, *aus praktischen Gründen* entsprechend der erfolgten Klärung die Strommitte *als Grenze zu betrachten*. Das Hauptzollamt Uelzen und die Oberfinanz-
direktion Hannover haben die Anordnung nicht hingenommen, da die Dokumente ohne ihre Beteiligung zustande gekommen waren[58]. Im Lichte der Direktive von 1953 und der Klauseln des Deutschland-Vertrags war die Erklärung der
Zollbehörden völlig unerheblich, ihnen fehlte jede Kompetenz in dieser Frage.

Zusammenfassend lässt sich feststellen, dass die beiden beteiligten
Mächte von einem Verlauf der Zonengrenze im Elbe-Abschnitt *in der Mitte* ausgegangen sind, wobei die britische Seite von der Mitte des Flusses sprach, während die sowjetische Seite zunächst eher die Mitte der Schifffahrtsrinne meinte.
Wie auch immer, es handelte sich um eine *bewegliche Grenze*, deren Verlauf
sich durch Anlandungen oder Abschwemmungen allmählich verändern kann.

---

[56] Public Record Office, London FO 1073/60 Blatt 18A; Auszug bei Schröder (wie Anm.
17), S. 91.

[57] Zu weiteren Einzelheiten ebenda, S. 49 ff.

[58] Vgl. ebenda, S. 49.

Während die Mitte eines Flusses als Mittellinie zwischen den Ufern bei mittlerem Wasserstand recht klar zu bestimmen ist, unterliegt die Schifffahrtsrinne gerade in der Elbe stärkeren Veränderungen durch den Strom, was zu Problemen bei der Abstimmung über nötige Unterhaltsarbeiten führen kann, wenn die Amtsgebiete der beteiligten Wasserstraßenämter an der Mittellinie des Stroms enden, die nicht mit der Mitte der Schifffahrtsrinne übereinstimmen muss. In der Diskussion über die Elbe-Grenze spielte auch die Streichlinie, eine Verbindungslinie zwischen den Buhnenköpfen, eine Rolle, obwohl diese durch wasserbauliche Maßnahmen leicht verändert werden konnte.

X. Die Elbe-Grenze nach dem Grundlagenvertrag

Mit der neuen Deutschlandpolitik Ende der sechziger Jahre des vorigen Jahrhunderts bekamen beide deutschen Staaten mehr Einfluss auf die Lösung praktischer Fragen an der innerdeutschen Grenze. In Artikel 23 des Vertrages zwischen der Bundesrepublik Deutschland und der Deutschen Demokratischen Republik über Fragen des Verkehrs vom 26. Mai 1972[59] verpflichteten sich beide Seiten zunächst zur Gewährleistung eines reibungslosen Binnenschiffsverkehrs auf dem Abschnitt der Elbe, der die Zonengrenze bildete. In einem dazu gehörigen Protokollvermerk[60] wurde die seit 1945 entwickelte praktische Zusammenarbeit der Schifffahrtsbehörden festgeschrieben. Drei Wochen später erging eine neue Grenzordnung der DDR[61], die in § 46 Absatz 3 bestimmte, *als Grenzlinie gelten a) auf schiffbaren Grenzgewässern die Mitte des Hauptstromes (Talweg); b) auf nicht schiffbaren Grenzgewässern die Mitte dieser Gewässer oder die Mitte des Hauptstromes (Mittellinie); ....*

In Artikel 3 des Vertrags über die Grundlagen der Beziehungen zwischen der Bundesrepublik Deutschland und der Deutschen Demokratischen Republik vom 21. Dezember 1972[62] hatten beide Seiten die Unverletzlichkeit der zwischen ihnen bestehenden Grenze bekräftigt und in einem Zusatzprotokoll[63] die Bildung einer Grenzkommission vereinbart, die die Markierung der bestehenden Grenze überprüfen und, soweit erforderlich, erneuern oder ergänzen sowie die

---

[59] BGBL (wie Anm. 21) 1972 II, Nr. 64, S. 1450.

[60] Ebenda.

[61] Grenzordnung vom 15.06.1972. GBLDDR (wie Anm. 45) 1972 II, S. 403.

[62] BGBL (wie Anm. 21) 1973 II, Nr. 25, S. 423.

[63] Ebenda, S. 426.

erforderliche Dokumentation über den Grenzverlauf erarbeiten und zur Regelung sonstiger mit dem Grenzverlauf in Zusammenhang stehender Probleme, zum Beispiel der Wasserwirtschaft, der Energieversorgung und der Schadensbekämpfung, beitragen sollte. Es ging also darum, die bestehende Grenze festzustellen und zu markieren, jedoch nicht die Grenze neu festzulegen. Festgelegt worden war die Grenze 1945 durch die Besatzungsmächte, jetzt sollte nur ihr genauer Verlauf festgestellt und markiert werden. Beide Seiten erklärten, dass der Verlauf der Grenze sich nach den *Festlegungen des Londoner Protokolls vom 12. September 1944 bestimmt, falls er aufgrund späterer Vereinbarungen der damaligen Besatzungsmächte von dem Londoner Protokoll abweicht, wird der genaue Verlauf der Grenze durch die Kommission unter Beiziehung aller Unterlagen festgelegt und markiert*[64]. Die Grenze sollte eine besatzungsrechtliche Zonengrenze bleiben und nicht durch eine neue Festlegung zwischen den beiden deutschen Staaten den Status einer völkerrechtlichen Grenze erhalten. Die DDR strebte aber weiterhin danach, dass die innerdeutsche Grenze einen ausschließlich völkerrechtlichen Charakter erhält, ohne den nach Auffassung der Völkerrechtslehre der DDR ihre Souveränität unvollkommen bliebe[65].

Die Grenzkommission hatte ihre Tätigkeit am 31. Januar 1973 aufgenommen und war in den ersten Jahren in der Regel viermal jährlich zusammengekommen. Sie hatte für ihre Aufgabe die Grenze in den Abschnitt Lübecker Bucht, wo die Grenze Mecklenburgs durch Koordinaten festgestellt wurde, und dann, südlich der Lübecker Bucht beginnend, in 58 Grenzabschnitte unterteilt. Schon in der vierten Sitzung der Arbeitsgruppe Grenzmarkierung kam es zu einem Meinungsaustausch über den Grenzverlauf in der Elbetalaue. Es wurde Übereinstimmung erzielt, dass nach dem Londoner Protokoll, abgesehen von Vierwerder, die Grenze entsprechend dem Verlauf der alten Landes- und Provinzgrenzen von ihrem Auftreffen auf den Fluss bei Stromkilometer 566,3 bis Stromkilometer 555 und, abgesehen vom Kaltenhofer Viereck und den Lütkenwischer Wiesen, von Stromkilometer 511,6 bis Stromkilometer 472,4 in der Mitte des Flusses verläuft. Strittig blieb der Grenzverlauf am Neuhauser Streifen[66]. In der 14. Sitzung der Grenzkommission im Juli 1974 schlug die westdeutsche Seite eine gemeinsame Absichtserklärung vor, dass die Feststellung der

---

[64] Deutscher Bundestag – Drucksache 7/153 vom 09.02.1973, S. 16. http://dipbt.bundestag.de/doc/btd/07/001/0700153.pdf.

[65] Vgl. Autorenkollektiv unter Leitung von OESER, Edith: Völkerrecht. Grundriß. Berlin (Staatsverlag der DDR) 1983, S. 130 f.

[66] Dossier zum Verlauf der Staatsgrenze zwischen der DDR und der BRD im Bereich der Elbe vom Juni 1984, Anlage 1 Protokollvermerk Nr. 1A(?) der Arbeitsgruppe Grenzmarkierung

Grenze in der Strommitte eine *mögliche Regelung* sein kann und dann die Lösung weiterer Fragen erfolgen wird[67]. Ein entsprechender Protokollvermerk Nr. 16 wurde vorbereitet[68].

Die Arbeit der Grenzkommission wurde alsbald von einer lebhaften Debatte über die Grenze an der Elbe im Deutschen Bundestag begleitet. Das begann Ende 1974 mit einer Rede des CDU-Abgeordneten Abelein im Rahmen einer Aktuellen Stunde. Er sprach von der Rechtsauffassung der bisherigen Bundesregierungen,

daß der Elbstrom in seiner gesamten Breite zwischen Schnackenburg und Lauenburg zum Hoheitsgebiet der Bundesrepublik Deutschland gehört. ... Bisher war die Situation so, daß in unserem geteilten Land Flüchtlinge, ..., in dem Augenblick, wo sie das Wasser der Elbe erreicht hatten, die Freiheit gewonnen hatten. Sie brauchten nur noch gegen das Wasser zu kämpfen. ... Für den Fall, daß es zutreffen sollte, daß die Bundesregierung bereit ist, auf die Strommitte zurückzugehen, würde das einen weiteren Schlag für die Interessen der Menschen in beiden Teilen Deutschlands, für die deutschen Interessen bedeuten; ...

Aus der Tatsache, dass 1966 der für die Peilung der Schifffahrtsrinne unumgängliche Einsatz des westdeutschen Vermessungsschiffs *Kugelbake* nördlich der Strommitte mit Unterstützung britischen Militärs durchgesetzt wurde, leitete er ab, dass auch die britische Seite das rechtselbische Ufer als Grenzlinie annahm, also der Fluss in seiner ganzen Breite zur Bundesrepublik Deutschland gehörte[69].

In der 17. Sitzung der Grenzkommission im Januar 1975 forderte die westliche Seite, mit der Grenzfeststellung für die Elbe auch die Frage des Schusswaffengebrauchs an diesem Grenzabschnitt zu behandeln. In der 20. Sitzung im Juni 1975 erklärte die westdeutsche Seite eine Regelung dieser Frage für gleichgewichtig mit der Grenzfeststellung[70]. In seinem Urteil zum Grundla-

---

vom 20.6.1973. Aktenbestand des Amtes für Geoinformation, Vermessungs- und Katasterwesen in Schwerin.

[67] Ebenda, Anlage 3.

[68] Ebenda, Anlage 4.

[69] Texte zur Deutschlandpolitik (wie Anm. 42), S. 322 f.

[70] Dossier (wie Anm. 66), S. 6.

genvertrag hatte das Bundesverfassungsgericht die Bundesregierung dazu verpflichtet, alles ihr Mögliche zu tun, um *Mauer, Stacheldraht, Todesstreifen und Schießbefehl* zu ändern und abzubauen.[71]

In ihrer 18. Sitzung am 15. Mai 1975 hat die Grenzkommission dann doch eine Feststellung zum Verlauf der Elbe-Grenze erarbeitet und einen Protokollvermerk entworfen, der wie folgt lautete:

Zwischen der Regierung der Bundesrepublik Deutschland und der Regierung der Deutschen Demokratischen Republik besteht über den Verlauf der Grenze im Abschnitt Elbe (Grenzabschnitte 7 bis 9) Übereinstimmung wie folgt: Die Grenze zwischen der Bundesrepublik Deutschland und der Deutschen Demokratischen Republik im Elbe-Abschnitt beginnt am letzten vermarkten Grenzpunkt des Grenzzuges 6b und verläuft als Verlängerung der beiden letzten am Lande liegenden Grenzpunkte des Grenzzuges 6b in die Mitte der Elbe und folgt der Mitte des Stromes bis zu der Stelle, an der die Verlängerung der beiden ersten Grenzpunkte des Grenzzuges 10a auf die Mitte der Elbe trifft und von dort zum Grenzpunkt 1 des Grenzzuges 10a.[72]

Alsbald gab es Protest, insbesondere im Land Niedersachsen. Die niedersächsische CDU, damals im Landtag Opposition, gestützt auf ein Gutachten des Göttinger Professors Dietrich Rauschning, erhob einen Verlauf der Grenze am Nordufer der Elbe zur *conditio sine qua non* einer Vereinbarung über die innerdeutsche Grenze. Die damals sozial-liberale Bundesregierung zögerte, den Protokollvermerk der Grenzkommission zu akzeptieren. Die Vorwahlzeit der Bundestagswahl 1977 hatte begonnen, und die Bonner Koalition befürchtete empfindliche Verluste. Längst sprach man in der niedersächsischen FDP von Alternativen zur sozial-liberalen Koalition in Bonn. Die Elbe-Grenze wurde dabei zu einer Belastung für die FDP und damit für die Bonner Koalition. Der für die Leitung der westdeutschen Delegation der Grenzkommission zuständige Bundesinnenminister war der FDP-Politiker Maihofer, der in der oben erwähnten aktuellen Stunde noch zwischen erwünschten und rechtlich verbindlichen Regelungen unterschieden hatte[73].

---

[71] Entscheidungen des Bundesverfassungsgerichts. Band 16. Tübingen 1964, S. 1–37, hier S. 35.

[72] Neues Deutschland vom 27.09.1985, S. 2. http://zefys.staatsbibliothek-berlin.de/ddr-presse/view1/?purl=SNP2532889X-19850927-0-2-29-0 .

[73] Texte zur Deutschlandpolitik (wie Anm. 42), S. 324.

Bald entbrannte auch ein akademischer Streit über den genauen Grenzverlauf in der Elbetalaue. Der Göttinger Hochschullehrer Rauschning wurde mit
seinem Gutachten für die CDU-Fraktion des Niedersächsischen Landtags, dessen Substanz 1975 in einem Aufsatz veröffentlicht wurde, zum Meinungsführer
eines Verlaufs der Grenze am Nordufer der Elbe[74]. Es wurde argumentiert, dass
bei der Übertragung des Amtes Neuhaus 1945 nichts zu mitübertragenen Was-
serflächen festgelegt worden sei, die Grenze der britischen Zone dort also auf
mehr als 43 Kilometern am Nordufer verlaufe. Im Übrigen wurde auf die Karten
zu den Vereinbarungen der Mächte von 1944/45 verwiesen, ohne der Frage
nachzugehen, ob genauere Grenzbeschreibungen, wie die Bezugnahme auf Lan-
des- und Provinzgrenzen existieren und ob der Maßstab der Karten, dessen Ge-
nauigkeit schon mit dem Zusatz *approx.* von den Bearbeitern der Vereinbarung
verneint worden war, überhaupt für die genaue Feststellung einer Grenze geeignet ist. Dazu waren schon damals in der Völkerrechtslehre unter Bezugnahme
auf Urteile des Internationalen Gerichtshofs erhebliche Zweifel geäußert worden[75]. Der Gutachter behauptete, dass Karten immer häufiger als hinreichender
Nachweis eines Grenzverlaufs angesehen würden[76], dass der in der Vereinbarung von 1944/45 festgelegte Stichtag für die Feststellung der in Bezug genom-
menen Landesgrenzen sich nur auf den Raum Salzgitter beziehe[77] und dass
Großbritannien das nach Norden an die Elbe angrenzende Gebiet Mecklenburgs
und den Neuhauser Streifen 1945 zuerst besetzt und es dann ohne den Fluss der
Sowjetunion überlassen hätte, die anfänglich ein Kontrollrecht auch nicht intensiv ausgeübt habe[78]. Als die Sowjetunion in Bezug auf Berlin genau so argu-
mentierte, war von westlicher Seite allerdings immer argumentiert worden, dass
es sich um eine gemeinsame Besetzung auf der Grundlage der Vereinbarung von
1944/1945 gehandelt habe und der Zeitpunkt der Besetzung für die Begründung
von Rechten daher keine Bedeutung haben könnte. Rechtsquelle sei die Vereinbarung von 1944/1945[79].

---

[74] Vgl. RAUSCHNING, Dietrich: Die Grenzlinie im Verlauf der Elbe. In: Recht im Dienst des
Friedens. Festschrift für Eberhard Menzel. Berlin 1975, S. 429–449.

[75] Vgl. WEINBERG, Guenter: Maps as Evidence in International Boundary Disputes: A Re-
praisal, in: American Journal of International Law 1963, S. 781 – 803, S. 785; bezogen auf
die Elbe-Grenze SCHRÖDER: Die Elbe-Grenze (wie Anm. 17), S. 32 ff.

[76] RAUSCHNING: Die Grenzlinie (wie Anm. 74), S. 437 ff.

[77] Ebenda, S. 436.

[78] Ebenda, S. 432 f.

[79] Dazu SCHRÖDER: Die Elbe-Grenze (wie Anm. 17), S. 36 ff.

In der Grenzkommission ging die Auseinandersetzung über ein Junktim zwischen Grenzfeststellung und Schusswaffengebrauch im Elbeabschnitt weiter[80].

Im Januar 1976 unterstützten Teile der FDP-Landtagsfraktion die Wahl des CDU-Politikers Albrecht zum niedersächsischen Ministerpräsidenten. Damit hatte die FDP in Niedersachsen den Koalitionswechsel vollzogen. Der Protokollvermerk vom 15. Mai 1975 wurde von der Bundesregierung nicht mehr genehmigt. Die Grenzkommission hat daher bei ihren Feststellungen des Grenzverlaufs den Elbe-Abschnitt ausgespart[81], was sie nicht hinderte, 1976 eine Höhenauswertung der Elbufer bis einschließlich der Deiche zur Herstellung einer Karte für wasserwirtschaftliche und strombauliche Erfordernisse[82], 1979 die Herstellung einer Karte des Hochwasserprofils der Elbe[83] und 1985 den Austausch von Informationen über Hochwassergefahren auch für die Elbe[84] zu vereinbaren. Die DDR veranlasste derweil einen Beschluss ihres Obersten Gerichts, es sei bei allen Gesetzen davon auszugehen, dass die Staatsgrenze auf der Elbe in der Mitte des Talweges verläuft[85]. Das widersprach dem Vertag über die Beziehungen der DDR mit der Sowjetunion von 1955[86], der das Londoner Protokoll von 1944/1945, also Elbeabschnitte mit der Grenze in der Flussmitte, vor die Souveränität der DDR gesetzt hatte. Der Beschluss des Obersten Gerichts war daher wirkungslos. Die Verwaltung Vermessungs- und Katasterwesen des Ministeriums des Innern der DDR hatte 1985 eine Übersichtskarte Elbe im Maßstab 1:50.000 gefertigt, die den Talweg und die Mittelinie der Elbe zeigt[87]. Da

---

[80] Dossier (wie Anm. 66), S. 6 f.

[81] Protokollvermerk zu Artikel 1 des Protokolls zwischen der Regierung der Bundesrepublik Deutschland und der Regierung der Deutschen Demokratischen Republik über die Überprüfung, Erneuerung und Ergänzung der Markierung der zwischen der Bundesrepublik Deutschland und der Deutschen Demokratischen Republik bestehenden Grenze, die Grenzdokumentation und die Regelung sonstiger mit dem Grenzverlauf im Zusammenhang stehender Probleme vom 29. 11.1978. in: Bundesministerium für innerdeutsche Beziehungen: Die Grenzkommission. 5. Auflage. Bonn 1985, S. 22. Bericht der Grenzkommission über ihre Tätigkeit in der Zeit vom 31. Januar 1973 bis zum 26. Oktober 1978, Ziffer 2 Absatz 4. Ebenda, S. 23.

[82] Protokollvermerk Nr. 43 vom 9.12.1976, ebenda, S. 46.

[83] Protokollvermerk Nr. 63 vom 29.3.1979, ebenda, S. 64.

[84] Protokollvermerk Nr. 32a vom 12.6.1985, ebenda, S. 97.

[85] Oberstes Gericht der DDR, Beschluss Nr. $/77 vom 03.11.1977.

[86] Vertrag über die Beziehungen zwischen der DDR und der SU (wie Anm. 56), vgl. auch: http://www.verfassungen.de/de/de45-49/freundschaftsvertragddrsu55.htm.

[87] Bestand des Amtes für Geoinformation, Vermessungs- und Katasterwesen in Schwerin.

wird die Problematik des Talwegs als Grenze rasch erkennbar, der einmal dicht an das eine Ufer, ein anderes Mal dicht an das andere Ufer führt.

XI. Die Elbe-Grenze unter den Geraer Forderungen

Erich Honecker, der Staatsratsvorsitzende der DDR, nannte 1980 die Elbe-Grenze an zweiter Stelle des als Geraer Forderungen[88] benannten Katalogs der DDR-Forderungen an die Bundesrepublik Deutschland. Die Frage der Grenze an der Elbe wurde damit zum großen Politikum. Beispielsweise machte die DDR die Einbeziehung der Städte Hamburg, Hannover und Kiel in die Regelungen für einen erleichterten grenznahen Verkehr von der Grenzfeststellung in der Elbe abhängig.

Die Grenzkommission verständigte sich in ihrer Sitzung vom 26. Februar 1981 immerhin über Regelungen und Definitionen zur Markierung und Dokumentation der bestehenden Grenze. Da hieß es unter

1. Grenzverlauf ...
1.2.   Bewegliche Grenze
1.2.1 An oder in fließenden Gewässern verläuft die Grenze grundsätzlich entweder in der Uferlinie oder in der Mitte des Gewässers ....[89]

Anfang 1982 folgte das Gesetz über die Staatsgrenze der DDR[90]. Dort wurde das Staatsgebiet der DDR definiert. In § 2 Absatz 1 wurde klargestellt, dass die Staatsgrenze das Hoheitsgebiet der DDR abgrenzt und in § 2 Absatz 3 dann der genaue Grenzverlauf bestimmt, und zwar für schiffbare Flüsse in der Mitte der Schifffahrtsrinne, des Talwegs, und für nicht schiffbare Flüsse in der Mitte des Stroms, es sei denn in völkerrechtlichen Verträgen ist es anderes geregelt. Das entsprach für die Elbe-Grenze eher der sowjetischen Linie in der britisch-sowjetischen Grenzkommission der unmittelbaren Nachkriegszeit und ging damit hinter den gescheiterten Protokollvermerk der Grenzkommission von 1975 zurück, ließ aber auch noch einen Rückgriff auf das Londoner Protokoll zu.

Im Mai 1985 bereitete sich der Katasterdienst in Schwerin planerisch auf eine *unterschriftsreife Bearbeitung der Grenzkarten Elbe G[renz]A[bschnitt] 7,*

---

[88] Neues Deutschland vom 14.10.1980, S. 3. http://zefys.staatsbibliothek-berlin.de/ddr-presse/view1/?purl=SNP2532889X-19801014-0-3-29-0 (03.07.2017).

[89] Die Grenzkommission (wie Anm. 81), S. 70.

[90] Gesetz vom 25.03.1982. GBLDDR (wie Anm. 45) 1982 I, S. 197.

8 und 9 vor. Es sollten Grenzkarten in drei verschiedenen Maßstäben hergestellt werden. Für die Grenzkarten im Maßstab 1:2 000 lagen bereits Kopien vor, auf denen die Polygonpunkte eingezeichnet und Bezugslinien eingetragen waren, die die Arbeitsgruppe Grenzmarkierung der Grenzkommission schon konstruiert hatte.[91] Auf der Grundlage wäre die Mitte des Flusses ohne weiteres festzustellen gewesen. Die Karten waren bereits als Druckkopiervorlagen ohne Eintragung einer Grenzlinie vorgefertigt. Offen bleibt, ob es sich um Vorbereitungen für den Fall eines Politikwechsels in Bonn nach der nächsten Bundestagswahl oder Material für den längst geplanten Besuch Honeckers in Bonn gehandelt haben könnte. Bei vielen Gelegenheiten mahnte Honecker als Voraussetzung für eine Verbesserung der innerdeutschen Beziehungen die Feststellung der Elbe-Grenze an[92].

Die akademische Auseinandersetzung über den Grenzverlauf in der Elbetalaue war weitergegangen. Gottfried Zieger, ein anderer Göttinger Hochschullehrer, hatte sich Rauschnings Meinung angeschlossen und als weiteres Argument die Vermutung hinzugefügt, dass die britischen Streitkräfte die Kontrolle über den Flussabschnitt in voller Breite gehabt hätten und mit dem Übergang der Kontrolle auf deutsche Organe die Volkspolizei nur geduldet worden sei[93].

Wer sich intensiv mit dem damals in Deutschland geltenden Besatzungsrecht befasste, musste an dem Zweck solcher Veröffentlichungen zweifeln. Es gab die eingangs beschriebenen britischen Akten, die Rauschning zum Teil auch vorgelegen haben dürften. Sie ergaben eine klare und für die Bundesregierung verbindliche Grenzlinie in der Strommitte. Die Grenzkommission war 1975 mit ihrem Protokollvermerk zur Elbe-Grenze genau dieser Linie gefolgt. Wenn die Bundesregierung sich gegenüber der DDR-Regierung durchgesetzt und eine Grenze am Norduferufer festgestellt hätte, hätte Großbritannien sogar widersprechen müssen. Auf britischer Seite war man besorgt, in einen Konflikt hineingezogen zu werden, bei dem die DDR eine Position vertrat, die von Großbritannien seit 1945 auch gegenüber der Sowjetunion eingenommen worden war, während die

---

[91] Vertraulicher Entwurf vom 10.5.1985 für Projekt für unterschriftsreife Bearbeitung der Grenzkarten Elbe GA 7, 8 und 9. Aktenbestand des Amtes für Geoinformation, Vermessungs- und Katasterwesen in Schwerin.

[92] Zum Beispiel: Interview mit der *Zeit* vom 30.1.1986. In: Bundesministerium für innerdeutsche Beziehungen: Innerdeutsche Beziehungen. Die Entwicklung der Beziehungen zwischen der Bundesrepublik Deutschland und der Deutschen Demokratischen Republik 1980–1986. Bonn 1986, S. 226 – 236, hier S. 231.

[93] ZIEGER, Gottfried: Das Problem der Elbe-Grenze und die offene deutsche Frage. In: Mitteilungen des Königsteiner Kreises 1984 Nr. 2, S. 7–14, hier S. 10.

Bundesregierung die ihr schon 1952 als verbindlich mitgeteilte britische Position ignorieren wollte und dennoch britische Unterstützung erwartete.

Der Titel der Veröffentlichung von Gottfried Zieger über das Problem der Elbe-Grenze und die offene deutsche Frage legt die Vermutung nahe, dass es eigentlich darum ging, den Abschluss der Grenzfeststellung zu verhindern und insoweit die deutsche Frage offen zu halten. Vom 5. September 1986 ist eine „Information" der Staatssicherheit überliefert, dass eine anonyme Zolldienststelle die Besatzungen der Dienstboote schriftlich aufgefordert habe, gelegentlich nahe an den Buhnenköpfen des nördlichen Ufers zu fahren, um zu demonstrieren, dass der Fluss in ganzer Breite zum Bundesgebiet gehört. Es ging also nicht nur um eine Grenzfeststellung, sondern um Bekräftigung politischer Dogmen.

Nachdem im Zusammenhang mit dem Besuch Honeckers in Bonn im Herbst 1987 die Bundesregierung bereit schien, als ersten Schritt zu einer Einigung für die Flussabschnitte, in denen die alten Landesgrenzen in der Flussmitte verliefen, das heißt auf 40,5 Kilometern, die Flussmitte als Grenze festzustellen, gab es in der Führung der DDR Anfang 1988 umfangreiche Erwägungen über das Für und Wider, die am Ende auf eine Ablehnung hinausliefen.[94]

Bemerkenswert ist auch das Gespräch, das Honecker am 27. April 1989 mit dem niedersächsischen Ministerpräsidenten Albrecht führte. Da stellte man immerhin einvernehmlich fest, dass über eine Strecke von 40 Kilometern die Grenze in der Flussmitte verläuft. Honecker bemerkte dann, dass auch die von Albrecht ausgeschlossene Festlegung des Grenzverlaufs in der Strommitte für die übrigen Abschnitte nicht unmöglich sei, man habe *sogar* Vereinbarungen über Grenzänderungen zwischen der DDR und Westberlin getroffen[95]. Honecker erwähnte dabei allerdings nicht, dass diese Vereinbarungen auf der Grundlage von Vereinbarungen der Vier Mächte getroffen und durch die Vier Mächte genehmigt worden waren.[96] Die beiden deutschen Staaten hätten also offenbaren müssen, dass sie in dieser Frage nicht souverän handeln können. Die DDR hätte ihre Abhängigkeit von der Sowjetunion einräumen müssen. Die Bundesregierung mühte sich seit März 1989 vergeblich, die Antwort auf eine Große Anfrage über *Gleichberechtigte Partnerschaft im Bündnis*[97] mit den Botschaften

---

[94] Vorbereitungsmaterial für ein informelles Gespräch mit dem Bundesminister und Chef des Bundeskanzleramtes der BRD, W. Schäuble (wie Anm. 51).

[95] Vgl. POTTHOFF, Heinrich: Die „Koalition der Vernunft". Deutschlandpolitik in den 80er Jahren. München 1995, S. 885 f.

[96] Dazu SCHRÖDER: Die räumliche Entwicklung (wie Anm. 10), S. 9–35.

[97] Deutscher Bundestag, Drucksache 11/4158.

der drei Westmächte so abzustimmen, dass ihre Souveränität vollkommen sei. Die Menschen in der DDR haben solche Probleme noch in demselben Jahr auf ihre Art gelöst.

XII. Mecklenburg-Vorpommerns Grenze in der Elbetalaue seit 1990

Nach der Volkskammerwahl 1990 und der Neubildung der Regierung der DDR mit dem Ministerpräsidenten Lothar de Maizière begann mit der Wirtschafts-, Währungs- und Sozialunion der Weg zur schnellen Vereinigung der beiden deutschen Staaten in einem Bundesstaat. Zur Vorbereitung war in der DDR eine Regierungskommission „Verwaltungsreform" gebildet worden, die gleich empfahl, die Länder *in den Grenzen von 1952* wiederherzustellen[98]. Dieses Datum hatte für Mecklenburg unerfreuliche Folgen. 1950 war das mecklenburgische Fürstenberg in den damals brandenburgischen Kreis Templin umgegliedert worden; 1952, als Templin zu Mecklenburg kam, in den brandenburgischen Kreis Gransee.

Mit der Vereinigung war auch die Aufgabe der Grenzkommission erledigt. Sie beschloss, ihre Arbeit mit einer Aktualisierung der Grenzdokumentation nach dem Stand vom 1. Juli 1990 zu beenden. Die Staatsgrenze würde innerstaatliche Landesgrenze und ihr Verlauf sollte in die Kartenunterlagen der Katasterämter der Länder eingetragen werden. Änderungen könnten künftig durch Staatsverträge vorgenommen werden[99]. Die Geodäsie und Kartographie im Bezirk Schwerin, das heutige Amt für Geoinformation, Vermessungs- und Katasterwesen des Landes Mecklenburg-Vorpommern, erstellte ein Verzeichnis der dort vorhandenen *Unterlagen der Dokumentation der Staatsgrenze DDR/BRD* nach dem Stand vom Juni 1990. Darunter befanden sich die oben erwähnten Grenzkarten im Maßstab 1:2000 für die Grenzabschnitte 7-9, also die Elbe. Das waren nun wirkliche auswertbare Karten, bei denen ein Zentimeter auf der Karte zwanzig Metern in der Natur entsprach. Sie zeigten den Grenzverlauf jeweils, bis die Grenze die Elbe erreichte. Für den Verlauf der Grenze in der Elbetalaue enthielt sie außer Polygonpunkten und Bezugslinien keine Angaben. Das entsprach genau dem Arbeitsstand in der deutsch-deutschen Grenzkommission.

---

[98] Information zur ersten Sitzung der Regierungskommission „Verwaltungsreform". Bundesarchiv DO 5/24. pdf.

[99] Bericht des DDR-Vertreters über die Beratung der Grenzkommission DDR/BRD am 30.5.1990 in Bonn, Ziffer 2. Bundesarchiv DO 5/10. pdf.

Die Volkskammer der DDR verabschiedete am 22. Juli 1990 das Verfassungsgesetz zur Bildung von Ländern in der Deutschen Demokratischen Republik[100]. Der erste Anstrich des § 1 Absatz 1 lautet:

Mit Wirkung vom 14. Oktober 1990 werden in der DDR folgende Länder gebildet:
– Mecklenburg-Vorpommern
durch Zusammenlegung der Bezirksterritorien Neubrandenburg, Rostock und Schwerin
– ohne die Kreise Perleberg, Prenzlau und Templin.[101]

Damit wurden nicht nur die Erweiterungen des Landes Mecklenburg von 1952 rückgängig gemacht, sondern auch der Name des Landes von 1946 wiederhergestellt. Denn in Vorpommern, vor allem in Kreisen der Pommerschen Evangelischen Kirche, die zu DDR-Zeiten amtlich Evangelische Kirche Greifswald hieß, war schon länger eine Besinnung auf pommersche Identität in Gang[102]. Mit dem erneuerten Namen des Landes als *Mecklenburg-Vorpommern* trug das Gesetz dem Rechnung. Wenn man den Status der Länder seit der Organisation der Bezirke als noch *in theoretischer Existenz* betrachtet, war damit kein neues Land entstanden, sondern nur ein *theoretisch existentes* Land ertüchtigt worden.

Gemäß Anlage II zum Einigungsvertrag[103], dort Kapitel II Abschnitt II, gilt das Ländereinführungsgesetz mit seinen Gebietsdefinitionen weiter. Die Grenze Mecklenburg-Vorpommerns war nun die Südgrenze des ehemaligen Bezirks Schwerin, die im Elbeabschnitt nach dem Gesetz über die Staatsgrenze der DDR von 1982[104] als Grenze auf einem schiffbaren Grenzwasserlauf in der Mitte der Hauptschifffahrtsrinne, des Talwegs, verlaufen sollte, *sofern in völkerrechtlichen Verträgen nichts anderes festgelegt wird.* Dieser Zusatz war dem Londoner Protokoll von 1944/45 mit seinem Rückgriff auf die alten Landesgrenzen geschuldet, die, soweit es um die heutigen Grenzen Mecklenburgs geht, meistens in der Mitte der Elbe und nie am rechten (nördlichen) Ufer verliefen.

Mit der Vereinigung Deutschlands sind die praktischen Probleme, die sich aus dem Grenzverlauf in Elbe-Abschnitt ergaben, klein geworden. Der einst

---

[100] GBLDDR (wie Anm. 45) 1990 I, S. 955.

[101] Das Datum *14. Oktober 1990* wurde durch den Einigungsvertrag vom 31.8.1990 durch *3. Oktober 1990* ersetzt. BGBL (wie Anm. 21) 1990 II, S. 889.

[102] Vgl. INACHIN, Kyra T.: Die Geschichte Pommerns. Rostock 2008, S. 203 und S. 206 f.

[103] BGBL (wie Anm. 21), S. 1148.

[104] GBLDDR (wie Anm. 45) 1984 I, S. 197.

strittige Elbe-Abschnitt ist heute Bundeswasserstraße in der Verwaltung der Bundesbehörde Wasser- und Schifffahrtsamt Lauenburg[105] mit dem Außenbezirk Herrenhof im ehemaligen Amt Neuhaus. Der schifffahrtspolizeiliche Vollzug ist im mecklenburg-vorpommerschen Teil des Stroms aufgrund einer Bund-Länder-Vereinbarung über die Ausübung der schifffahrtspolizeilichen Vollzugsaufgaben[106] Sache des Landes Mecklenburg-Vorpommern, das dafür an der Elbe Wasserschutzpolizeistationen in Dömitz und Boizenburg unterhält.

Schon in § 2 Absatz 3 des Ländereinführungsgesetzes war eine Möglichkeit eröffnet, dass Gemeinden oder Städte nach der Länderbildung in ein Land zurückkehren, dem sie 1952 angehörten. Das betraf für Mecklenburg Lenzen und die umliegenden Gemeinden. Mit einem Staatsvertrag zwischen den Ländern Mecklenburg-Vorpommern und Brandenburg über die Änderung der gemeinsamen Landesgrenze vom 5. Mai 1992[107] wurden sie nach Brandenburg umgegliedert, während einige brandenburgische Siedlungen zu Mecklenburg-Vorpommern kamen. Es gab jedoch auch mehrere Gemeinden, die bis 1945 einem anderen Land angehört hatten, nämlich die Gemeinden des Amtes Neuhaus, die zur preußischen Provinz Hannover, also einem Teil des heutigen Landes Niedersachsen, gehört hatten. Mecklenburg-Vorpommern und Niedersachsen schlossen am 9. März 1993 nach Anhörung der Gebietskörperschaften gemäß Artikel 29 Absatz 7 des Grundgesetzes einen Staatsvertrag über die Umgliederung der Gemeinden im ehemaligen Amt Neuhaus und anderer Gebiete nach Niedersachsen[108]. Der Vertrag trat am 26. Juni 1993 in Kraft. Mit diesen Verträgen wurde die Elbe-Grenze Mecklenburg-Vorpommerns auf die knapp zwanzig Kilometer der Elbegrenze des Großherzogtums Mecklenburg-Schwerin verkürzt. Während die historische Grenze meistens, nämlich über rund 14 Kilometer, in der Mitte des Flusses und sonst, nämlich über 6 Kilometer, im heute niedersächsischen Hinterland oder am niedersächsischen Ufer verlief, verläuft sie heute ausschließlich in der Strommitte. Die sechs Kilometer, auf denen der Fluss in ganzer Breite zu Mecklenburg gehörte, sind durch die im deutschen Einigungsvertrag bestätigte Definition der Landesgrenzen durch die Bezirksgrenzen nun zu Niedersachsen gehörig.

---

[105] Art. 87 Abs. 1 und Art. 89 Grundgesetz.

[106] Gesetz vom 12.11.1992. Gesetz- und Verordnungsblatt Mecklenburg-Vorpommern 1992, S. 660, sowie Bekanntmachung vom 24.12.1992. Gesetz- und Verordnungsblatt Mecklenburg-Vorpommern 1993, S. 23.

[107] BGBL (wie Anm. 21) 1992 I, S. 206.

[108] Gesetz- und Verordnungsblatt Mecklenburg-Vorpommern 1993, S. 571.

In der Praxis stellte sich nun heraus, dass in der DDR-Zeit das Wege- und Gewässernetz verändert wurde und daher Kollisionen mit den historischen Gemeindegrenzen hervorgerufen wurden. Es wurden daher zwischen Mecklenburg-Vorpommern und Niedersachsen mit einem zweiten Staatsvertrag 2013[109] Änderungen der gemeinsamen Landesgrenze vereinbart, die Veränderungen der Infrastruktur in der DDR-Zeit berücksichtigen.

Für die allgemeine Völkerrechtslehre zeigt sich, dass der Satz, eine besatzungsrechtliche Regelung verliere ihre Rechtswirkung mit dem Ende der Besetzung, von der Dauer der Besetzung abhängen kann. Die Menschen müssen sich mit besatzungsrechtlichen Gegebenheiten arrangieren. Keine altmecklenburgische Gemeinde im Raum Ratzeburg hat nach 45 Jahren zu Mecklenburg zurückgewollt. Heimattreuen Bürgern genügte die Mitgliedschaft in dem 1992 erneuerten Heimatbund für das Fürstentum Ratzeburg. Anders war es im Amt Neuhaus. Dort wurde sofort nach dem Ende der DDR die Rückkehr nach Niedersachsen betrieben. Man muss vielleicht nicht lange nach Gründen suchen.

---

[109] Gesetz- und Verordnungsblatt Mecklenburg-Vorpommern 2014, S. 519.

Abbildungen

1. *Übersicht Grenzverlauf Elbe 1944[1]*

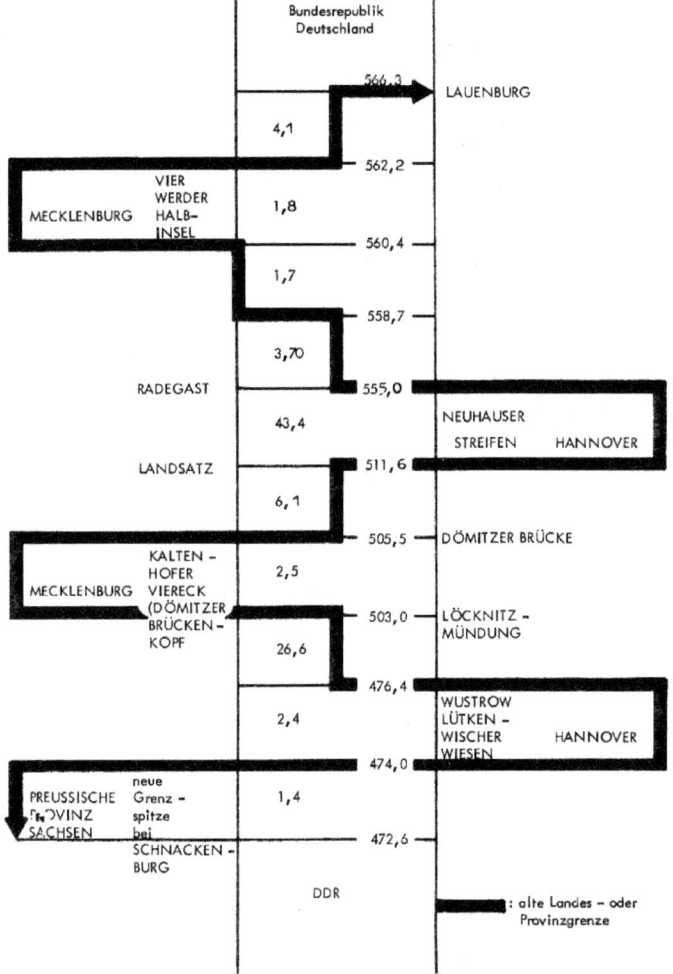

Der Verlauf der Landesgrenze Preußen-Mecklenburg und der Grenzen der preußischen Provinzen Hannover, Mark Brandenburg und Sachsen im Jahre 1944 in einer schematischen Skizze (die Zahlen beziehen sich auf „Stromkilometer").

1 Aus: Bundesminister des Innern, 6 Jahre Grenzkommission mit der DDR, Bonn 1979, S. 15.

Abbildung 1
Grenzverlauf Elbe 1944

Abbildung 2
Londoner Protokoll
a. Protokoll über die Besatzungszonen
in Deutschland und die Verwaltung von
Groß-Berlin vom 12. September 1944
Ausschnitt aus der Anlage

3. *Karten Germany 1:25.000 des britischen War Office von 1945*

a. *Lauenburg, 1. Ausgabe, Blatt 2629 vom Mai 1945*
– Ausschnitt –
b. *Dannenberg, 3. Ausgabe, Blatt 2832 vom April 1945*
– Ausschnitt –

c. *Schnackenburg, 2. Ausgabe, Blatt 2935 vom März 1945*
– Ausschnitt–

REFERENCE

	2	3	4 tracks
Railways. Normal gauge, 2 or more tracks			
Normal gauge, single track			
Narrow gauge			
Tramway or Mineral railway			
Cable railway			
Station, Halt			
Embankment, Cutting			
Tunnel, Level crossing			
Roads: Motor highways Reichsautobahnen (independent of road system) Two metalled carriage ways, each 7.5 metres wide			
Reichsautobahn under construction			
Main roads, Reichstrassen with route numbers metalled and mostly 6 metres wide	52		
Other main roads, (mostly Landstrassen, 1 Ord.) metalled and 5.5 metres average useful width			
Secondary roads, metalled and 4 metres average useful width			
Other roads & cart tracks; not always motorable and often unmetalled	Trees		Trees
Lanes, tracks, paths			
Kilometre stone, signpost	Δ120		
Boundaries: International. Provincial			
District. Town or parish			
Wire fence, hedge			

Abbildung 3
Karten des britischen War Office von 1945 Germany 1:25.000

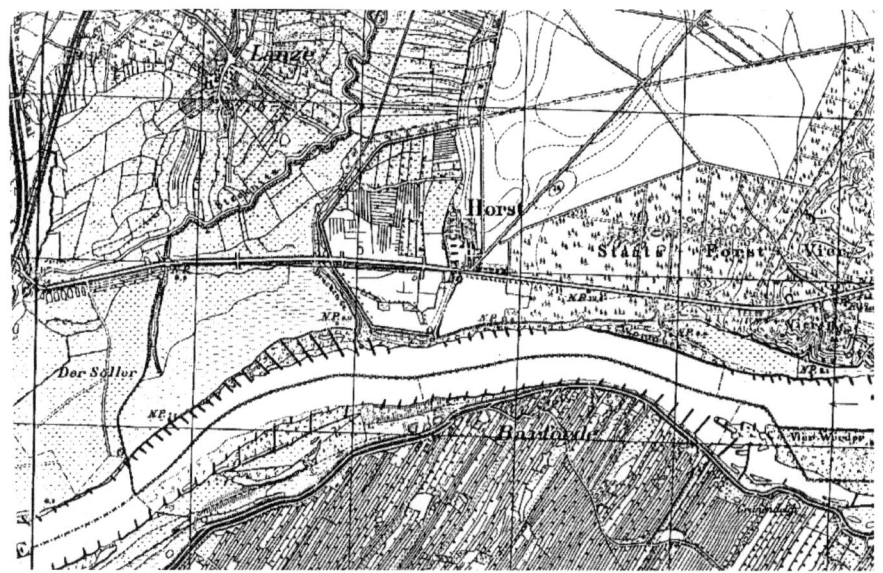

Abbildung 3 a
Karten des britischen War Office von 1945 Germany 1:25.000
a. Lauenburg. 1. Ausgabe, Blatt 2629 vom Mai 1945 – Ausschnitt [Horst]

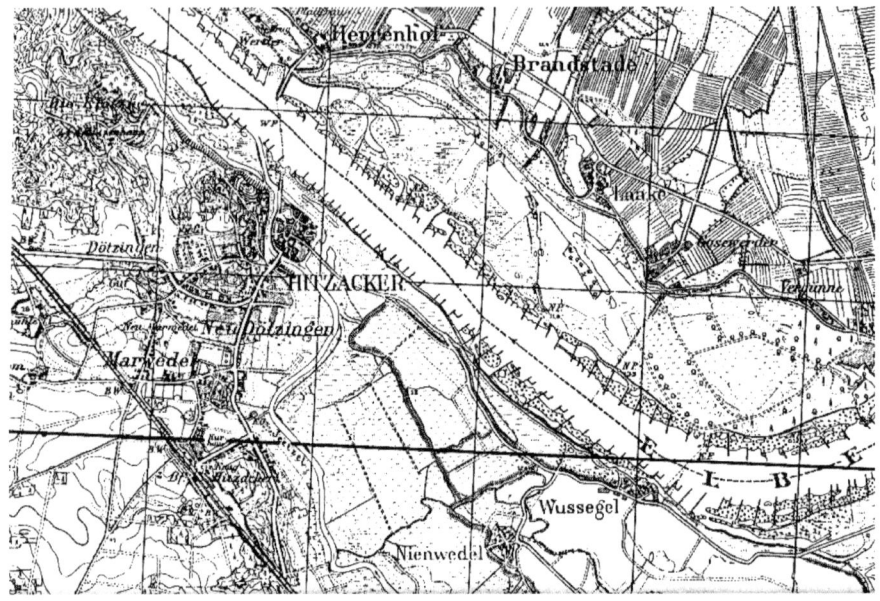

Abbildung 3 b
Karten des britischen War Office von 1945 Germany 1:25.000
b. Dannenberg. 3. Ausgabe, Blatt 2832 vom April 1945 – Ausschnitt [Hitzacker]

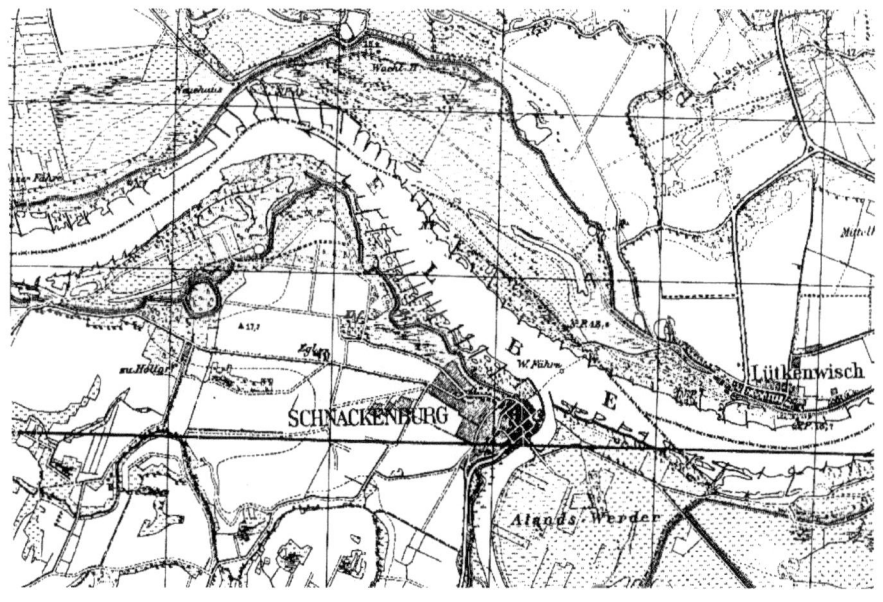

Abbildung 3 c
Karten des britischen War Office von 1945 Germany 1:25.000
c. Schnackenburg. 2. Ausgabe, Blatt 2935 vom März 1945 - Ausschnitt

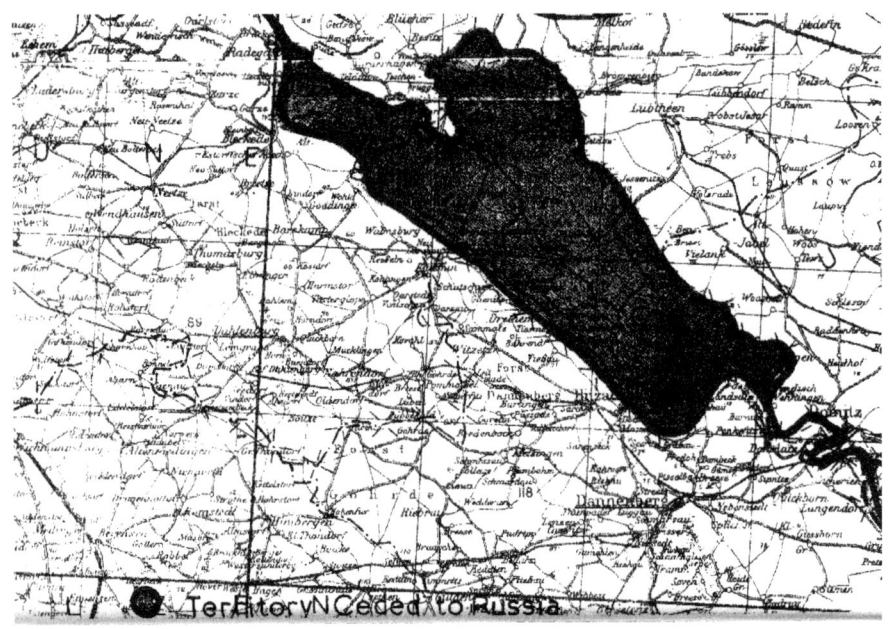

Abbildung 4
Beschluss des Kontrollrates über britisch-sowjetische Grenzberichtigungen
a. Britisches Memorandum vom 25. Juli 1945
Appendix B Plan of the area of Lauenburg – Ausschnitt [Neuhaus]

Abbildungsnachweise

Abbildung 1
Übersicht Grenzverlauf Elbe 1944
SCHRÖDER, Dieter: Die Elbe-Grenze. Rechtsfragen und Dokumente. Baden-Baden 1986, S. 76.

Abbildung 2
Londoner Protokoll a. Protokoll über die Besatzungszonen in Deutschland und die Verwaltung von Groß-Berlin vom 12. September 1944. United Nations. Treaty Series. Band 277, S. 279 ff. Ausschnitt aus der Anlage. SCHRÖDER (wie Abbildung 1), S. 69. Auch: Landeshauptarchiv Schwerin 10.9 – S/32 Kasten 1 Mappe 3.

Abbildungen 3, 3 a-c
Karten des britischen War Office von 1945 Germany 1:25.000
a. Lauenburg; b. Dannenberg; c. Schnackenburg. SCHRÖDER (wie Abbildung 1), S. 72-75.

Abbildung 4
Beschluss des Kontrollrates über britisch-sowjetische Grenzberichtigungen
a. Britisches Memorandum vom 25. Juli 1945
Appendix B Plan of the area of Lauenburg – Ausschnitt [Neuhaus]
SCHRÖDER (wie Abbildung 1), S. 78.

Ost-West-Konflikt um die „Kugelbake" 1966
Affäre oder Provokation?

VON KLAUS LEHMANN

Fast wäre bei Gorleben an der Elbe der 3.Weltkrieg ausgebrochen. Das schrieb die Bild-Zeitung in einem Aufmacher über die Ereignisse in Gorleben im Oktober 1966. Auch Generalmajor Strickland, Chef des Verbindungsstabes der britischen Streitkräfte, resümierte später, dass der Konflikt um die Vermessung der Elbe beinahe den *3.Weltkrieg* ausgelöst hätte. In die Geschichte ging dieser Tag als *The battle of Gorleben* bzw. *„Kugelbake"-Affäre* ein.

Was war geschehen? Jeder weiß: Die Strömung der Elbe bringt Sandgeschiebe mit, die Fahrrinne verändert sich ständig. Um dennoch eine reibungslose Schifffahrt zu ermöglichen, muss die Fahrrinne der Elbe wöchentlich vermessen werden. Das ist kein einfaches Unterfangen, denn die DDR beanspruchte zu dieser Zeit die Flussmitte als Grenze, der Westen die Streichline der Buhnenköpfe. Um den östlichen Uferbereich zu vermessen, musste das westdeutsche Vermessungsschiff, die „Kugelbake", daher zwangsläufig die als Grenze anvisierte Elbmitte überqueren. Dies wollte die DDR nicht so einfach zulassen. Sie hatte mit der „Lenzen" ein eigenes Vermessungsschiff und verlangte entsprechende Genehmigungen für die „Kugelbake". Doch die westliche Seite erachtete dies als nicht erforderlich. Im Oktober 1966 bei Gorleben auf der Elbe eskalierte der Konflikt. Diese *„Kugelbake"-Affäre* ist aus englischer Sicht vom britischen Chef-Korrespondenten des *The Daily Telegraph* in Bonn, David Shears,[1] ausführlich beschrieben worden.

Nach der Öffnung der Archive im Jahr 1990 ist nun auch die DDR-Sichtweise bekannt. In der Stasiunterlagenbehörde Görslow/Schwerin[2] fand ich einen Bericht der Grenztruppen der DDR aus dem Jahre 1967, verfasst von einem Zeitzeugen der Grenztruppen, General-Major Adolf Wieck. In der Literatur wurde bei Darstellungen zur *„Kugelbake"-Affäre* die Veröffentlichung von Shears zur

---

[1] SHEARS, David: Die häßliche Grenze. 2. Aufl. Stuttgart 1971.

[2] Der Bundesbeauftragte für die Unterlagen des Staatssicherheitsdienstes der ehemaligen Deutschen Demokratischen Republik (künftig: BStU), Außenstelle Schwerin, Leezen, Ortsteil Görslow (bei Schwerin).

Grundlage heranzogen.[3] In der Akte des BStU, Außenstelle Schwerin, finden sich jedoch auch Fotos eines Berichterstatters der DDR-Grenztruppen, Oberoffizier für Aufklärung des Grenzregiments 8 Grabow, Major Karsten (siehe Abbildungen Grenztruppen im Anhang).[4] In persönlichen Unterlagen eines ehemaligen Zollbeamten konnte ich den zeichnerisch dargestellten Ablauf der Ereignisse, wie sie für das Zollkommissariat Hitzacker angefertigt wurden, einsehen (siehe Abbildungen Zollkommissariat im Anhang).[5]

Worum ging es damals? War es eine Affäre oder eine Provokation? Das Wort „Affäre" hat im Deutschen verschiedene Bedeutungen. Zum einen bezeichnet es einen öffentlichen Skandal, also verwerfliche Machenschaften beziehungsweise das Versagen größeren Ausmaßes in Politik, Verwaltung, Wirtschaft oder Medien, zum anderen ein Liebesabenteuer. War die *„Kugelbake"-Affäre* eine Affäre oder ein Skandal?

Vor- und Nachspiel: Prozess gegen Grenzsoldaten

Noch im Jahr 2000 kam es zu einer Revisionsverhandlung vor dem Bundesgerichtshof (BGH) über einen Prozess vor dem Berliner Landgericht, an dem das westdeutsche Vermessungsschiff „Kugelbake" im Jahr 1965 beteiligt war. Laut BGH wurde festgehalten:

Nach den Feststellungen überfuhr das westdeutsche Vermessungsschiff „Kugelbake", das für Peilungsarbeiten in der Elbe eingesetzt war, im Sommer (August) 1965 mehrfach die in ihrem genauen Verlauf strittige Grenzlinie zwischen der Bundesrepublik Deutschland und der DDR. Da die dem Wasserstraßenamt der DDR zuvor fernmündlich angekündigten Vermessungsarbeiten der zuständigen Grenzkompanie aus ungeklärten Gründen nicht weitergemeldet worden waren, ging man in der DDR von bewussten „Grenzprovokationen" seitens der Bundesrepublik Deutschland aus.

Aus diesem Grunde wurde eine fünfköpfige „Alarmgruppe" unter Führung des Angeklagten Grenzsoldaten M. und Beteiligung des Grenzsoldaten Sc. gebildet, die den Sachverhalt aufklären und die Bootsbesatzung gegebenenfalls festnehmen sollte. Nachdem die „Kugelbake", die in etwa 60 m Entfernung vom Standort der Angeklagten erneut Kurs auf das DDR-Ufer genommen hatte, auf

---

[3] Die Veröffentlichungen in der Elbe-Jeetzel-Zeitung beziehen sich zum Teil wörtlich auf das Buch von SHEARS.

[4] BStU, Archiv der Zentralstelle, MfS-HA I, 1409 (1967).

[5] Museum Hitzacker (Elbe) Das Alte Zollhaus.

mehrfache Anrufe, Zeichen und Warnschüsse nicht reagiert hatte, befahl der Angeklagte, das Ruderhaus des Schiffes nunmehr gezielt unter Feuer zu nehmen, um eine Rückkehr des Schiffes in die Hoheitsgewässer der Bundesrepublik Deutschland zu verhindern.

Die Beweiswürdigung, mit der das Landgericht einen – bedingten – Tötungsvorsatz verneine , weise keinen Rechtsfehler auf. Die Angeklagten seien davon ausgegangen, dass die Besatzungsmitglieder sich unter Deck in Sicherheit befanden. Sie wurden freigesprochen, denn *angesichts der Praxis des Schusswaffengebrauchs an der innerdeutschen Grenze hätten sie auch bei offenkundiger Gefährdung von „Grenzprovokateuren" seinerzeit keine Nachteile fürchten müssen.*[6]

Streitpunkt: Grenzverlauf

Der Grenzverlauf auf der Elbe war bis 1989 nicht geklärt. So eindeutig der Fluss die Grenze zwischen der früheren britischen und der sowjetischen Besatzungszone markierte, so umstritten blieb es, an welcher Stelle der hier mitunter rund 300, bei Hochwasser aber bis zu 1.000 Meter breite Elbestrom die Grenzlinie anzusetzen ist.

Bis Ende der vierziger Jahre vertraten die Briten mit Zustimmung der Sowjets die Ansicht, die ganze Elbe, bis zum östlichen Ufer, gehöre zur Britischen Zone. Oberregierungsbaurat Metschies von der Wasser- und Schifffahrtsdirektion Hamburg erinnert sich, dass noch im Jahre 1950 russische Offiziere ein von den Engländern vorgeschlagenes Treffen auf der Elbmitte als *unzumutbar* ablehnten, *weil der Fluss zur britischen Zone gehört.*[7] Nach 1950 ließen die Briten es zu, dass Wachboote der DDR ohne Erlaubnis mit West-Zollbooten den Fluss befahren durften. Für die Bundesregierung galt die „Buhnenstreichlinie" – auch bei Überschwemmungen noch wahrnehmbar –, als gedachte Verbindung zwischen den Buhnenköpfen.

Die DDR berief sich nach internationalem Recht darauf, die Strom-Mitte als *Staatsgrenze West* in Anspruch zu nehmen, teils aber auch die Mitte des Schifffahrts-Talweges, der manchmal rechts, manchmal links der Flussmitte

---

[6] BGH 5 StR 526/99 – Urteil v. 11. Januar 2000 (LG Berlin): http://www.hrr-strafrecht.de/hrr/5/99/5-526-99.php3 (14.06.2017). Das vollständige Urteil des BGH befindet sich im Anhang.

[7] SPIEGEL online 24.10.1966: http://www.spiegel.de/spiegel/print/d-46414799.html (15.06.2017). Siehe auch: SCHRÖDER, Dieter: Die Elbe-Grenze. Rechtsfragen und Dokumente. Baden-Baden, 1986, S. 61 f. In diesem Beitrag wird nicht weiter auf die Grenzstreitigkeiten zwischen DDR und BRD sowie der Alliierten eingegangen.

verlief. Vom Frühjahr 1965 an begann die DDR auf der rechten Elb-Hälfte Hoheitsbefugnisse einzufordern, mit der Absicht, den, ihrer Meinung nach, zum Gewohnheitsrecht gewordenen Zustand festzulegen bzw. mit Bonn in Regierungsverhandlungen über den Verlauf der Grenze eintreten zu können.

Ausgangspunkt des Konfliktes

In der Folge kam es bis zum 3. Oktober 1966 zu mehreren kleineren und größeren Rangeleien, darunter auch am 10. August zur Beschießung der „Kugelbake". Die bisher übliche Information an die Wasserschifffahrtsdirektion nach Magdeburg über das Wasserschifffahrtsamt (WSA) in Hamburg, das wieder Peilarbeiten anstehen würden, wurde dieses Mal – im Oktober 1966 – auf unterer Ebene der DDR nicht weitergegeben. Als die „Kugelbake" mit der Vermessung begann, forderte die DDR gleiches Recht und schickte ihrerseits ihr Vermessungsschiff „Lenzen" zur Peilung. Die „Lenzen" wurde aber bei Schnackenburg vom British Frontier Service (BFS) zurückgeschickt. Der BFS, der Vorläufer der Bundeszollverwaltung, hatte die Aufgabe, die Schiffe zu kontrollieren und gab seine monatlichen Berichte über den Grenzverlauf heraus. Doch aus dem täglichen Geschäft hatte er sich zurückgenommen, er winkte die Schiffe nur noch durch. Nach der Schießerei im August nahm er seine Sache wieder ernster: Er kontrollierte den Durchgangsverkehr. Nach der Zurückweisung der „Lenzen" nahm die DDR ganz offiziell die Erlaubnis zum Peilen für die „Kugelbake" zurück.[8]

Eskalationsstufe 1: Die Politik schaltet sich ein

Am 7. Oktober 1966 begann die erste Eskalationsstufe. Die Mannschaft der „Kugelbake" widersetzte sich dem Drängen Bonns *ihren Weg durch die Sperrlinie der bewaffneten Boote hindurch zu rammen ... Sie wollten keine Heldentaten, lieber streiken.*[9] Bereits im Frühsommer war in der Presse die Forderung laut geworden, mit aller Deutlichkeit auf den Grenzverlauf zu verweisen und Härte zu zeigen. So schrieb die *Frankfurter Allgemeine Zeitung* am 17. Juli 1966, der DDR müsse nachhaltig klargemacht werden, wer auf der Elbe die Hoheitsrechte

---

[8] Neues Deutschland vom 7. Oktober 1966, siehe Anhang.

[9] SHEARS (wie Anm. 1), S. 113.

ausüben könne und wer nicht.[10] Auf die Zurückschickung der „Lenzen" reagierte das *Neue Deutschland* noch ganz ruhig.[11]

Dann schaltete sich die Politik ein. Die Britische Botschaft in Bonn stand vor der Frage, wie es weitergehen solle. Einerseits wolle die DDR eine Probe aufs Exempel machen, andererseits sei die Überwachung der Grenze eine Sache der Alliierten. Dieser Teil der Elbgrenze sei britisch, daher sei – Gewohnheitsrecht hin oder her – das Vermessen durch die DDR als ein klarer Bruch dieses Rechtes anzusehen. So legt der Chef der britischen Militärmission bei dem sowjetischen Hauptquartier einen mündlichen Protest ein. Diese reagiert gelassen: das sei eine reine ostdeutsche Angelegenheit.

DDR-Generalmajor Wieck, unser Zeitzeuge im Geschehen, kommentiert dies in seinem Bericht aus dem Jahre 1967: *In der Folgezeit nutzten offizielle Stellen der BRD verstärkt die Presse, um die in Niedersachsen stationierten Kräfte der britischen Rheinarmee in ihre provokatorischen Handlungen mit einzubeziehen. Das gelang ihnen auch.*[12]

Kommunistische Blockade?

In Bonn war man von einer geschlossenen Haltung weit entfernt[13]. Eine gewaltsame Konfrontation, so das Verkehrsministerium, könne den Schiffsverkehr nach Berlin stören (1,6 Millionen Tonnen im Jahr 1966). Das Gesamtdeutsche Ministerium unter Erich Mende befürwortete dagegen die britische Position mit Nachdruck: Ein hoher Beamter bedrängte sogar Brigadegeneral Müller, Kommandeur des Bundesgrenzschutzes, notfalls Gewalt anzuwenden. Müller widersetzte sich, erst müsse die politische Lage geklärt werden.[14] Die Briten – so Shears – müssten die Deutschen hinter sich haben, um nicht härter aufzutreten als sie. Andererseits brauchte London Bonns Unterstützung bei dem anstehenden EWG-Beitritt, welchen de Gaulle torpedierte.

Der Fall wurde am 14. Oktober im Kabinett Erhard beraten, mit der Maßgabe die Vermessungstätigkeiten auf der Elbe wiederaufzunehmen. Damit hatten die Briten die nötige Unterstützung. Der britische Botschafter, Sir Frank Roberts, informierte nun seine amerikanischen und französischen Kollegen,

---

[10] Die „Schlacht" von Gorleben: http://www.broda-72.de/gorleben/gorleben.html (15.06.2017).

[11] ND vom 7. Oktober 1966, siehe Anhang.

[12] BStU (wie Anm. 4), 102.

[13] Shears (wie Anm. 1), S. 114.

[14] Ebenda.

welche Konsequenzen England aus dem Grenzkonflikt ziehen wolle, es kam jedoch keine Reaktion. Sie gingen davon aus, dass diese Frage in einer diplomatischen Arbeitsgruppe der Viermächte geklärt würde. Roberts stand auch in Verbindung mit dem *Commanders in Chief Committee* (der Spitze der Rheinarmee und der Britischen Luftwaffe). Es gehe, so Roberts, nicht um das Recht der „Kugelbake", sondern darum, *die kommunistische Blockade* zu brechen.[15]

Panzer werden in Stellung gebracht

Zustimmung kam schnell aus Bonn und London. Die Britische Rheinarmee, angeführt von Brigadegeneral Worsley, stellte Panzer und Panzerspähwagen zur Unterstützung. Gorleben wurde aufgerüstet. Zwei Einheiten mit Centurion Panzern wurden – hinter Bäumen getarnt – platziert, 12 Panzerwagen offen am westlichen Ufer. Ein direkter Funkkontakt bestand zur Britischen Rheinarmee im Hauptquartier in Rheindahlen. General Müller vom Bundesgrenzschutz (BGS) reiste kurzfristig zu Bundesinnenminister Lücke in die Eifel. Rein zufällig (?) fand genau zu diesem Zeitpunkt die Fallex-Übung 66 statt, mit der die Ausarbeitung und Erprobung der späteren Notstandsgesetze vorbereitet werden sollte. Müller konferierte die ganze Nacht und bekam die Anweisung, Schusswaffen nur zur Selbstverteidigung zu gebrauchen.

Am 17. Oktober berieten die Briten mit General Müller in einer Scheune. Anwesend waren unter anderen auch Vertreter des Britisch Frontier Service. Tenor des Generalmajor Strickland, Chef des Verbindungsstabs der Britischen Streitkräfte: *General Müller muss unter Kontrolle gehalten werden, wenn man die Situation in der Hand behalten will*, denn es gelte sich einer ostdeutschen Herausforderung zu *widersetzen, die Situation wiederherzustellen und wenn nötig, Gewalt anzuwenden.*[16]

Auf östlicher Seite verfolgte man den Aufmarsch sehr genau. Generalmajor Wieck: *Die bewaffneten Provokationen fanden am 18. Oktober 1966 ihren Höhepunkt [...] Die Kompanie für psychologische Kampfführung der Bundeswehr flog mit Ballons ca. 100.000 Hetzschriften in das Gebiet der DDR ein.*[17] Aber selbst Shears weiß genau, im Unterschied zum Westen hätte *die kommunistische Seite keine Spähwagen oder Panzer aufgefahren um dem Gegner zu*

[15] SHEARS (wie Anm. 1), S. 115.

[16] Ebenda, S. 118.

[17] BStU (wie Anm. 4), 103.

imponieren. Hubschrauber hätten einzig ein paar Maschinengewehraufstellungen gesichtet.[18]

Eskalationsstufe 2: Die „Kugelbake" wird losgeschickt

Um 14.21 Uhr am 18. Oktober 1966 begann die *Schlacht um Gorleben.* General Müller, einst erprobter Panzerkommandeur in Nordafrika unter Rommel, sah die Erfolgschancen darin, *eine gewaltsame Konfusion in den feindlichen Linien hervorzurufen.* Überraschungseffekt sei angesagt. Die streikende Mannschaft der „Kugelbake" wurde mit Leuten von der Küstenwache an der Ostsee ersetzt. Die technischen Experten für die Echolotarbeit blieben in der Hand der Besatzung. Um die Flotte zu verstärken, hatte er zuvor im Schutz der Dunkelheit zwei Pontonboote mit kräftigen Außenbordmotoren auf Lastwagen nach Gorleben bringen lassen. Die Bugwellen sollten helfen, die gegnerische Linie zu durchbrechen.

Zwei Phasen waren für den Fall eingeplant, dass der Durchbruch der Linie der ostdeutschen Boote nicht beim ersten Mal gelinge. Ein britischer Offizier informierte zunächst die aufgefahrenen Holzboote der DDR, die sich aber weigerten, der „Kugelbake" freies Geleit zu geben. So zogen sich die „Kugelbake" und ihre Begleitschiffe wieder zurück. Phase 2: Die „Kugelbake" fuhr erneut auf die DDR-Boote zu, begleitet von zwei westdeutschen Patrouillenbooten im Verbund mit zwei Flottillen, denen jeweils ein schnelles Pontonboot, ein Rettungsboot und vier Zollboote angehörten. Ziel war es, die zu schaffenden Zwischenräume zu nutzen und die DDR-Boote zu rammen.[19] Die *feindlichen Boote* wurden *in zwei weit auseinander liegende Gruppierungen* getrennt, damit die „Kugelbake" im ruhigen Gewässer ihre Messungen durchführen konnte. Währenddessen erzeugten tiefliegende Hubschrauber Wind und Wellen, um – ähnlich den Seeschlachten des 17. Jahrhunderts – die Holzboote ins Schwanken zu bringen und zurückzudrängen.[20]

Colin Ball (BFS) fasst seine Erinnerungen wie folgt zusammen:
Die andere Seite hatte 14 Boote, die eine Mauer entlang der Mitte des Flusses bildeten. Wir haben die völlig in die Flucht geschlagen. Unsere Boote wühlten das Wasser auf, unterstützt durch die Hubschrauber des Grenzschutzes, der so niedrig flog, dass er aus Angst, es würde den eigenen Leuten etwas passieren, zurückgerufen werden musste. Bevor die andere Seite wusste, wie ihr geschah,

---

[18] SHEARS (wie Anm. 1), S. 118.

[19] Ebenda, S. 114.

[20] Ebenda, S. 116.

waren ihre Boote durch die unseren im Ufergewässer eingesperrt. Die „Kugelbake" *machte sich auf und fuhr zwanzig Minuten lang im Zickzackkurs über den
Fluss, bis sie wieder zurückgerufen wurde.*[21]

Blickpunkt Ost: Eskalation vermeiden

Auf östlicher Seite treffen *etwa gegen 14.00 der Genosse Walther Winkler und
ich* – so unser Zeitzeuge Ost Generalmajor Wieck, *am Ereignisort, gegenüber
dem Abschnitt Gorleben, ein. Wir bestiegen am Elbufer der DDR einen Holzbe-
obachtungsturm der GK-Wootz und konnten von unserem Standpunkt diesen
Raum gut übersehen.*[22] Vom Gefechtsstand gibt es eine direkte Drahtverbindung
zur Bootsgruppe Dömitz, weiter zur Brigade Perleberg, dann zum Kommando
der Grenztruppen Pätz und von dort bis zum Chef der Grenztruppen.

Wieck: *In dieser Situation befahl der Chef der Grenztruppen der DDR:
die Schusswaffen gegen die britischen Militärangehörigen nicht anzuwenden;
gewaltsamen Handlungen auszuweichen; nach Verlassen der Gewässer der
DDR durch die britischen Kräfte sofort mit unseren Grenzsicherungsbooten die
Grenzlinie zu besetzen.*[23]

Von seinem Beobachtungsstandort die Geschehnisse verfolgend, resü-
miert Wieck anschließend, letztlich sei der erfolgte Durchbruch der DDR-Linie
– im Jargon der Engländer die *kommunistische Blockade* – ein Erfolg der Grenztruppen: *Kurze Zeit danach erfolgte ein erneuter Versuch, mit verstärkten Kräf-
ten des Gegners in die Sperrkette unserer Dienstboote einzudringen und einzelne
Boot zu rammen. Entsprechend des Befehls, gewaltsamen Handlungen auszuweichen, zogen sich unsere Dienstboote in den Bereich der dortigen Buhne zusammen und konnten somit diesen Angriff abwehren. Die „Kugelbake" fuhr in
diesem Zeitraum in Richtung Elbufer, führte eine Peilung durch und lief danach
in den Hafen Gorleben ein.*[24]

Generalmajor Strickland sitzt die Angst im Nacken, dass es zu Schuss-
wechsel kommen könnte, erhält aber die Nachricht, dass die andere Seite nicht
zu den Waffen greifen würde. *Sie seien blass vor Angst.* Müller mit seinem Hubschrauber wird vom Oberbefehlshaber Strickland zurückgerufen. *Die Boote, besetzt mit einem ostdeutschen Offizier, hätten wohl dem Befehl ihr bestes zu tun,*

---

[21] Ebenda, S. 120.

[22] BStU (wie Anm. 4), 103.

[23] Ebenda.

[24] Ebenda, 104.

um die Linie zu halten, aber sonst gar nichts, was auch immer geschehen möge.[25] *Die einzige Gewalt war das Rammen der gegnerischen Boote, es gab Kratzer und Splitter – Holz gegen Stahl aus dem Westen. Der Rest seien „Beschimpfungen" gewesen. Stolz sei man zurückgekehrt.*[26]

Am 19.10. berichtet ADN: *Schwere Provokationen an der Staatsgrenze: Die Bonner Regierung stellt erneut unter Beweis, dass Grenzprovokationen zum Bestandteil ihrer offiziellen Revanchepolitik gehören. Der Vorgang zeigt, dass die Nichtanerkennung der bestehenden Grenzen den Frieden und die Sicherheit der Staaten Europas bedroht.*[27]

General Wieck dagegen beurteilte und interpretierte die Ereignisse so: Die *Organe* der Grenztruppen hätten mit dazu beigetragen, die *Provokationen auf der Elbe im Sommer erfolgreich zerschlagen zu haben.* Sie wurden im Herbst ausgezeichnet und prämiert. Und Wieck ergänzte seinen Bericht: *Das besonnene Verhalten der eingesetzten Kräfte der Grenzbrigade Perleberg, der wesentliche Beitrag der Bootsgruppe Dömitz, zwang den Gegner, seine Handlungen in den Nachmittagsstunden des 18. Oktober einzustellen.*[28]

Legende des Kalten Krieges

Die gern kolportiere Auffassung, hier hätten sich die Russen und die Engländer gegenübergestanden, ist eine Legende des Kalten Krieges. In dem Bericht von Generalmajor Wieck erfahren wir darüber gar nichts. Moskau hatte auch im Vorfeld die Klärung um die Vermessung auf der Elbe an Ost-Berlin weitergereicht. So war dieser Grenzkonflikt eher ein politisches „Scharmützel", eine Provokation, um auszutesten, wie weit die Gegenseite gehen würde – immer mit dem Kalkül, nicht bis an die „Grenze" gehen zu wollen. Wie gefährlich das hätte werden können, weiß Strickland selbst. In diesem Gewühl hätte leicht ein Schuss losgehen können. Ob die Aussage – *es hätte leicht zu einem Atomkrieg kommen können* – eher die Rechtfertigung der eigenen Handlung war, ist sicher zu fragen. Ein jeder versuchte für sich, den „Sieg" davon zu tragen, in der jeweiligen Sprache der Zeit.

Die Besonnenheit war weniger ein „Versagen der Politik" (Affäre), sondern war den Akteuren vor Ort geschuldet. Der Aufmarsch hätte vermieden werden können, nähme man Walter Steinmeiers Wort *Manchmal liegt ein Erfolg*

---

[25] SHEARS (wie Anm. 1), S. 121.

[26] Ebenda, S. 122.

[27] BStU 105.

[28] Ebenda.

schon darin, keine Eskalation zustande kommen zu lassen[29] als Maßstab der Politik. Provozierende Handlungen könnten damit vermeiden werden.

Übrigens: Am selben Tag – 18. Oktober 1966 – konferierten die Strommeister, die Unterhändler der Wasserbehörden, über den Verlauf der Fahrrinne in Hitzacker, als sei nichts geschehen.

Anhang

Abbildungen aus westlicher Sicht
Abbildungen aus östlicher Sicht
Rechtsprechung: Bundesgerichtshof-Urteil vom 11. Januar 2000
Neues Deutschland vom 7. Oktober 1966

---

[29] Elbe-Jeetzel-Zeitung vom 18.Oktober 2016

Abbildungen aus westlicher Sicht

Abbildung 1
Das Vermessungsschiff „Kugelbake" im Zollboothafen um 1970

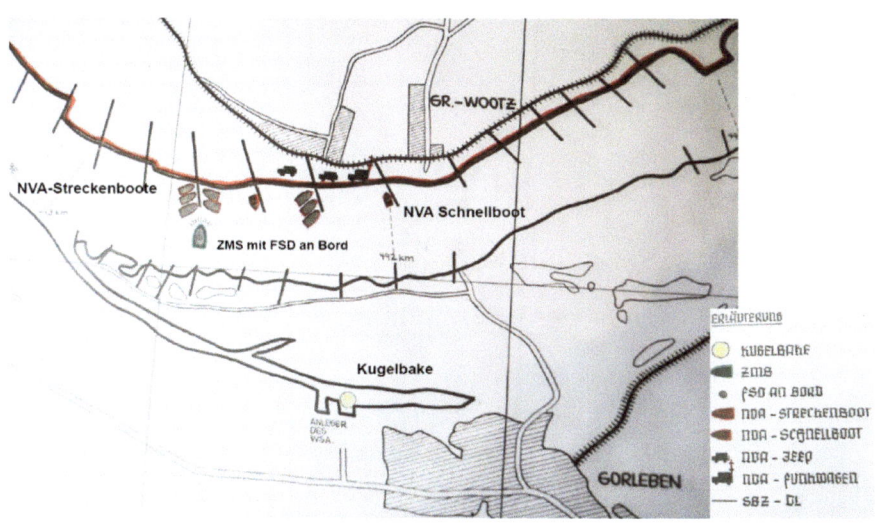

Abbildung 2
Ausgangsposition nach Unterlagen des Zolls.
Die „Kugelbake" ist noch im Hafen Gorleben.

Klaus Lehmann

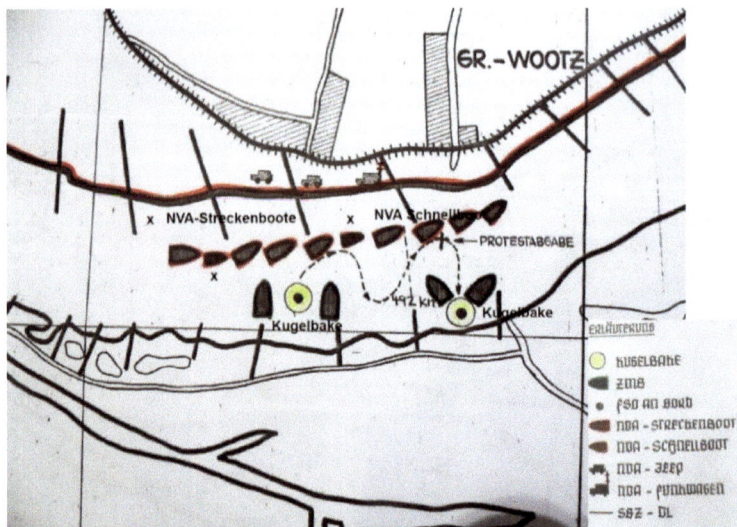

Abbildung 3
Die „Kugelbake" geht in Position, begleitet von Zollbooten.
+ markiert die Übergabe der Protestnote.

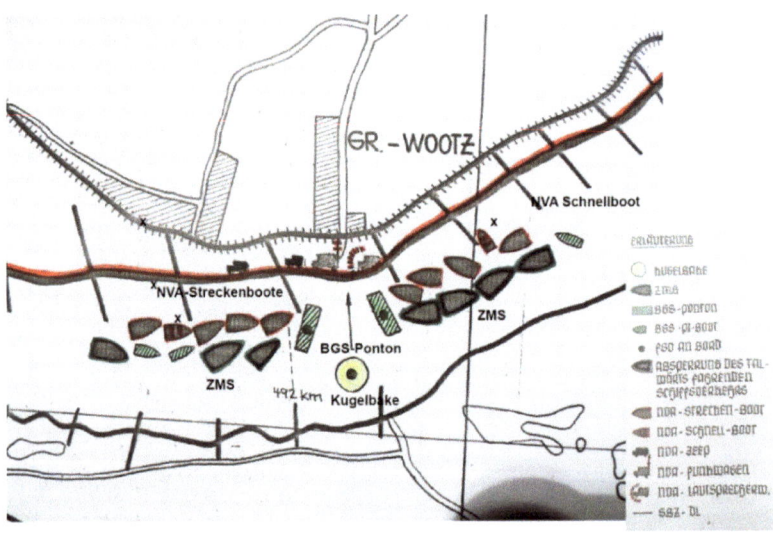

Abbildung 4
Die „Kugelbake" nimmt Kurs auf die Blockade, begleitet von Pontons des BGS.
Der Sperrriegel öffnet sich.

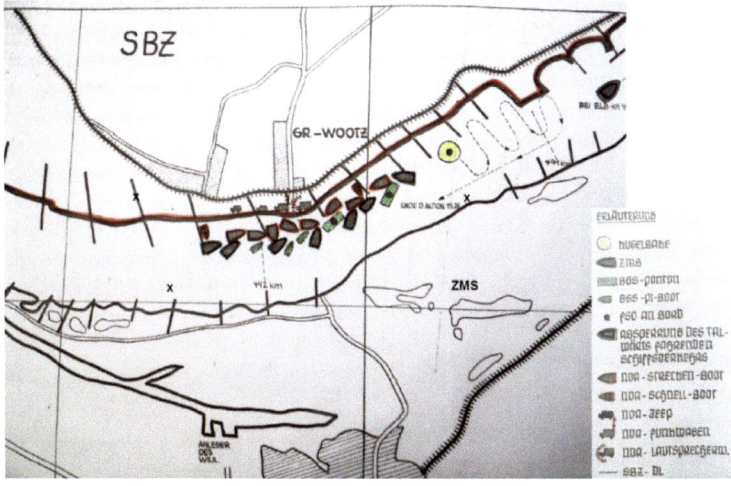

Abbildung 5
Die „Kugelbake" verlässt den Sperrriegel.
Die Verwirrung ist groß. Die Kugelbake beginnt
ihre Peilung am Ostufer.

Abbildungen aus östlicher Sicht

Abbildung 6
Aufnahme: Oberoffizier Aufklärung des Grenzregiments 8 Grabow, Major Karsten

Abbildung 7
Aufnahme: Oberoffizier Aufklärung des Grenzregiments 8 Grabow, Major Karsten

Abbildung 8
Unmittelbar am BRD-Elbufer haben Panzerspähwagen, Jeeps und geländegängige PKW der britischen Rheinarmee sowie Funkwagen des BGS Stellung bezogen.

Abbildung 9
Die „Kugelbake" überquerte die Fahrrinne und näherte sich in Begleitung eines Zollbootes dem Elbufer der DDR.

Abbildung 10
*Um 14.15 Uhr kündigte ein britischer Zollverbindungsoffizier von Bord eines
BRD-Zollbootes an, daß mit den Peilarbeiten begonnen wird.*

Abbildung 11
Aufnahme: Oberoffizier Aufklärung des Grenzregiments 8 Grabow, Major Karsten

Abbildung 12
Gleichzeitig flogen 5 Hubschrauber Patrouille über dem Vermessungsschiff

Abbildung 13
*Die Dienstboote der Bootsgruppe Dömitz fuhren in Kiellinie auf und besetzten
die Grenzlinie um ein weiteres Vordringen der „Kugelbake" in die Grenzgewässer der
DDR zu verhindern.*

Abbildung 14
*Der Kommandeur der Grenzbrigade Perleberg erhob
gegen diese Grenzverletzung Protest.*

Abbildung 15
Unsere Dienstboote zogen sich in den Bereich einer dortigen Buhne zusammen.

Abbildung 16
*Die Kräfte des Gegners versuchten die Sperrkette unserer Dienstboote zu durchbrechen
und unsere Boote zu rammen.*

Rechtsprechung

Die vollständige strafrechtliche Rechtsprechung des Bundesgerichtshofs (BGH)
und ausgewählte Urteile und Beschlüsse u.a. des Bundesverfassungsgerichts
(BVerfG), des Europäischen Gerichtshofs für Menschenrechte (EGMR) und
weiterer Gerichte.
http://www.hrr-strafrecht.de/hrr/5/99/5-526-99.php3
Abgerufen 13.06.2017

BGH 5 StR 526/99 – Urteil v. 11. Januar 2000 (LG Berlin)
Versuch; Totschlag; Grenzprovokationen (DDR-Grenze, Fall Kugelbake); Beweiswürdigung; Bedingter Tötungsvorsatz
§ 212 StGB; § 22 StGB; § 16 Abs. 1 StGB; § 261 StPO

Entscheidungstenor
Die Revisionen der Staatsanwaltschaft gegen das Urteil des Landgerichts Berlin
vom 19. März 1999 werden verworfen.
Die Staatskasse hat die Kosten der Rechtsmittel und die durch die Revisionen
entstandenen notwendigen Auslagen der Angeklagten zu tragen.

Gründe
1
Das Landgericht hat die Angeklagten vom Vorwurf des versuchten Totschlags
aus tatsächlichen Gründen freigesprochen. Gegen diese Freisprüche richten sich
die – vom Generalbundesanwalt vertretenen – Revisionen der Staatsanwaltschaft mit der Sachrüge. Sie haben keinen Erfolg.

2
Nach den Feststellungen überfuhr das westdeutsche Vermessungsschiff „Kugelbake", das für Peilungsarbeiten in der Elbe eingesetzt war, im Sommer 1965
mehrfach die in ihrem genauen Verlauf strittige Grenzlinie zwischen der Bundesrepublik Deutschland und der DDR. Da die dem Wasserstraßenamt der DDR
zuvor fernmündlich angekündigten Vermessungsarbeiten der zuständigen
Grenzkompanie aus ungeklärten Gründen nicht weitergemeldet worden waren,
ging man in der DDR von bewußten „Grenzprovokationen" seitens der Bundesrepublik Deutschland aus. Aus diesem Grunde wurde eine fünfköpfige „Alarmgruppe" unter Führung des Angeklagten M und Beteiligung des Angeklagten Sc
gebildet, die den Sachverhalt aufklären und die Bootsbesatzung gegebenenfalls
festnehmen sollte. Nachdem die „Kugelbake", die in etwa 60 m Entfernung vom
Standort der Angeklagten erneut Kurs auf das DDR-Ufer genommen hatte, auf

mehrfache Anrufe, Zeichen und Warnschüsse nicht reagiert hatte, befahl der An-
geklagte, das Ruderhaus des Schiffes nunmehr gezielt unter Feuer zu nehmen,
um eine Rückkehr des Schiffes in die Hoheitsgewässer der Bundesrepublik
Deutschland zu verhindern. Während der Angeklagte Sc. auf den Stahlrumpf des
Schiffes feuerte, schossen der Angeklagte M und zwei weitere Soldaten auf das
Ruderhaus. Einige Geschosse durchschlugen die hölzernen Wände des Ruder-
hauses, andere schlugen in Mast und Geländer ein, weitere prallten von der
Stahlhaut des Schiffes ab, ein Geschoß durchschlug das stählerne Vorschiff.
Spätestens als die ersten Kugeln in das Ruderhaus einschlugen, ging die Boots-
besatzung in Deckung, indem sie sich entweder zu Boden warf oder unter Deck
flüchtete. Dem Schiffsführer gelang es, die „Kugelbake" wieder in die auf dem
Gebiet der Bundesrepublik Deutschland verlaufende Fahrrinne zu manövrieren.
Keines der Besatzungsmitglieder wurde verletzt.

3
Die Beweiswürdigung, mit der das Landgericht einen – bedingten – Tötungsvorsatz verneint, weist keinen Rechtsfehler auf.

4
Die Angeklagten haben einen Tötungsvorsatz bestritten. Sie haben sich in der
Hauptverhandlung übereinstimmend dahin eingelassen, sie hätten geglaubt, der
gesamte Schiffskörper einschließlich der Aufbauten bestehe aus Metall, so daß
ein Eindringen von Kugeln in das Schiffsinnere für sie ferngelegen habe. Zudem
seien sie davon ausgegangen, sämtliche Besatzungsmitglieder seien bereits aufgrund der Warnschüsse in Deckung gegangen, so daß die Gefahr tödlicher Ver-
letzungen für sie, die Angeklagten, nicht ersichtlich gewesen sei.

5
Das Landgericht hat diese Angaben für glaubhaft erachtet. Es hat seine Über-
zeugung im wesentlichen darauf gestützt, daß sich die Angeklagten ausweislich
entsprechender Vernehmungsprotokolle bei Befragungen durch Militärangehö-
rige der DDR im Jahr 1965 in gleicher Weise geäußert hätten. Angesichts der
Praxis des Schußwaffengebrauchs an der innerdeutschen Grenze hätten sie auch
bei offenkundiger Gefährdung von „Grenzprovokateuren" seinerzeit keine
Nachteile fürchten müssen. Ein Motiv, insoweit die Unwahrheit zu sagen, habe
daher für die Angeklagten aus damaliger Sicht nicht vorgelegen. Diese Wertung
des Gerichts ist zumindest möglich; zwingend muß sie nicht sein (vgl. zur Be-
weislage auch BGHSt 42, 356, 363). Soweit die Staatsanwaltschaft die Beweiswürdigung des Landgerichts im Rahmen der Sachrüge mit der Vorlage von
Lichtbildern, der partiellen Wiedergabe von Zeugenaussagen in Vorverfahren
und Hauptverhandlung sowie der Mitteilung des Inhalts von Urkunden angreift,

handelt es sich um urteilsfremdes Vorbringen, das nicht geeignet ist, die behauptete Lückenhaftigkeit der Urteilsgründe im Revisionsverfahren zu belegen. Zulässige Verfahrensrügen sind insoweit nicht erhoben.

Bearbeiter: Karsten Gaede

Neues Deutschland vom 7. Oktober 1966
http://zefys.staatsbibliothek-berlin.de/ddr-presse/suchergebnisse/ (14.06.2017)

Peilarbeiten behindert
Neues Deutschland, 7. Oktober 1966 (Jahrgang 21, Ausgabe 276), Seite 2
… Peilarbeiten behindert …
Berlin (ADN). Wie ADN von zuständiger Stelle erfahren hat, wurden durch Westdeutsche Maßnahmen am 6. Oktober Peilarbeiten der Wasserstraßenverwaltung der DDR auf der unteren Elbe behindert. Aus diesem Grunde hat die Wasserstraßenverwaltung der DDR die den westdeutschen Organen am 19. September 1966 erteilte Genehmigung zur Durchführung von Peilarbeiten auf der Grenzstrecke der Elbe zurückgezogen.

Abbildungsnachweise

Abbildungen 1-5
Museum Hitzacker (Elbe) Das Alte Zollhaus

Abbildungen 6-16
Der Bundesbeauftragte für die Unterlagen des Staatssicherheitsdienstes der ehemaligen Deutschen Demokratischen Republik: MfS HA I 1409

Zwischen Pötenitzer Wiek und Herrnburg.
Einblicke in den Alltag der Grenztruppen der DDR
zu Beginn der 1980er Jahre

VON RENO STUTZ

Im Frühjahr 2016 fragte mich Professor Dr. Ernst Münch auf dem Parkplatz der Universität Rostock, ob ich am Tag der Landesgeschichte in Dömitz zum Thema Grenze sprechen würde. Da wir uns seit 1982 kennen, wusste er, dass ich von 1980 bis 1982 bei den Grenztruppen der DDR gedient hatte. Mehrmals musste Herr Münch nachhaken, ob er mit mir als Referent rechnen könne. Die Entscheidung, über meine 18-monatige Dienstzeit als Soldat und später dann Gefreiter an der sogenannten „Grünen Grenze" zwischen der DDR und der BRD hier vor Ihnen zu sprechen, ist mir außerordentlich schwergefallen. Ich habe lange, sehr lange überlegt! Wie Sie sehen, habe ich Ja gesagt und möchte Ihnen meine persönlichen Erfahrungen und Sichtweisen darlegen. Ich stehe heute vor Ihnen als Zeitzeuge und als promovierter Historiker. Ich sage das deswegen, weil ich mir darüber bewusst bin, dass ich als direkt Betroffener zwar eine gute Quelle bin, aber meine Erinnerung selbstverständlich mit Vorsicht betrachtet werden muss. Auf Grund meiner Herkunft, Ausbildung und direkten Involvierung im System Grenztruppen der DDR bin ich nicht objektiv. Insbesondere das Erleben, wie seit der Wende mit der Thematik Grenze umgegangen und in welcher Art und Weise ihre „Aufarbeitung" betrieben wird, macht mich gelinde gesagt wütend.

Dennoch möchte ich versuchen, Ihnen möglicherweise ein paar neue Einsichten in die äußerst vielschichtige Problematik Grenztruppen zu geben. Dieses weitgehend wertfrei zu tun, wird mir nur bis zu einem gewissen Grad gelingen.

Bei dem, was ich Ihnen nunmehr erzähle, unternehme ich zumindest den Versuch, die Dinge so zu erzählen, wie sie mir im Zeitraum zwischen 1980 und 1982 bekannt waren. Dabei werde ich auch Begriffe verwenden, wie sie seinerzeit an der Grenze üblich waren. Durch mein Studium weiß ich inzwischen, dass sich Soldaten einer Art Sondersprache bedienten, bei der viele Begriffe benutzt wurden, deren Verständnis für Menschen des Zivillebens schwierig ist.

Viele Informationen, insbesondere über das Agieren des Ministeriums für Staatssicherheit (MfS), die Mauertoten usw. waren mir als 18jähriger nur bruchstückhaft bekannt. Obwohl ich mit Westfernsehen groß geworden bin, wusste ich von solchen Dingen nichts oder nur sehr wenig. Bei der Bewertung meiner Aussagen und meines Tuns spielten natürlich auch meine Sozialisation und die

Erfahrungen meiner Eltern eine Rolle. Sie und ich kamen niemals ernsthaft mit den Staatsorganen der DDR in Kollision. Und angesichts dessen, dass meine Großmutter noch Analphabetin war, erfuhr die Familie Stutz in der DDR einen bemerkenswerten sozialen Aufstieg. Übrigens, weder meine Großeltern noch meine Eltern gehörten jemals einer Partei an. Diese Dinge spielen und spielten natürlich unterschwellig in das Handeln und Denken des Zeitzeugen Reno Stutz hinein und haben ihn nicht unmaßgeblich beeinflusst.

Aus Sicht der Gegenwart stellen sich viele damals geschehene Dinge anders dar. Doch das bringt uns im Verstehen meines Tuns und Handelns zwischen 1980 und 1982 nicht voran. Daher ist es wichtig, dass auch Sie versuchen, sich in die damalige Zeit hineinzuversetzen und von vorschnellen Bewertungen Abstand nehmen. Das soll natürlich nicht heißen, dass Dinge, die damals geschahen, auch aus heutiger Sicht gutzuheißen sind. Doch um sich der Wahrheit zu nähern, ist es unabdingbar, sich die Rahmenbedingungen damaliger Zeiten genau anzusehen.

Ich diente von November 1980 bis April 1982 bei den Grenztruppen der DDR. Es ist ca. dreieinhalb Jahrzehnte her und ich äußere mich zum ersten Mal über diese Zeit im öffentlichen Raum. Bitte sehen Sie mir deshalb eine gewisse Aufregung und Emotionalität während der folgenden Ausführungen nach. Dabei bin ich es eigentlich gewöhnt, Vorträge auch vor einem großen Publikum zu halten. Aber nach wie vor wühlt mich das Thema auf, insbesondere, weil es in der Bundesrepublik Deutschland leider auch 37 Jahre nach dem Mauerfall nicht möglich ist, sich offen und differenziert über das Thema auszutauschen. Dabei geht es nicht darum, die Grenze, wie sie zwischen der DDR und der BRD von 1961 bis 1989 bestand, zu verharmlosen. Es geht darum, sich der Wahrheit zu nähern!

Die Enttäuschung und Verbitterung meinerseits beziehen sich vor allem auf den Umstand, dass ca. 600.000 Angehörige der Grenztruppen der DDR, die als Soldat, Gefreiter, Unteroffizier usw. bis 1989 an der Berliner Grenze und an der sogenannten „Grünen Grenze" dienten, nach wie vor pauschal verurteilt und zum Teil dämonisiert werden. Immer wieder hört man, dass die Soldaten der Grenztruppen Freiwillige waren, dass sie eine Spezialausbildung zum Töten erhielten, dass sie fanatische und eiskalte, schießwütige Menschen waren. Natürlich gab es sie, aber das absolute Gros wollte die 18 Monate nur unbeschadet herumkriegen, in der Hoffnung, nicht in irgendwelche Zwischenfälle verwickelt zu werden.

Vor der Wende erschienen unzählige Artikel, die die Grenzsoldaten als Verbrecher und Mörder darstellten. Vor dem Hintergrund des Kalten Krieges mag man solche Form von Berichterstattung möglicherweise noch erklären können. Unwahr bleiben sie aber trotzdem. Nachfolgend zwei Beispiele:

Das Töten werde letztendlich von den Grenzern ‚als Job' angesehen. ‚Wenn Du täglich eingebleut bekommst, du mußt schießen, dann schießt du auch und zwar ohne Skrupel'. (...) Außerdem stehe der Grenzer vor der Wahl: ‚Gezielter Schuß' oder mindestens acht bis zehn Jahre Knast.
(Berliner Zeitung, 2.12.1986)

Nach wie vor wird ohne Warnung auf jeden scharf geschossen, der beim Fluchtversuch entdeckt wird. (...) Ein Schuß ins Bein? Bewegungsunfähig schießen? ‚Todesschuss!' (...) Darauf werden die Grenzer getrimmt. Dahin werden sie auch immer wieder politisch motiviert. Es heißt; ‚entweder du schießt und tötest den Mann – oder du wirst selbst getötet.' Das ist die Leitlinie.
(Quick, 4.12.1986)

Nach der Wende wurden Ton und Schärfe zwar etwas milder, doch die Grundaussagen blieben. Bis heute erfahren die Angehörigen der Grenztruppen der DDR eine Stigmatisierung oder werden im Schulunterricht als Mörder bezeichnet. So hatte ein ehemaliger Angehöriger der Grenztruppen, dessen Sohn solch eine Einschätzung von seiner Lehrerin zu hören bekam, keinen leichten Stand, als dieser ihn fragte: „Vati, bist Du auch ein Mörder gewesen?"

Bisher hat sich niemand, und ich bin mir dessen bewusst, dass man das Wort „nie" oder „niemand" tunlichst vermeiden sollte, nach meinem bisherigen Wissensstand differenziert mit der Thematik Grenze befasst. Der überwiegende Teil der bisher erschienenen Monographien und Aufsätze betrachtet die Grenztruppen immer wieder aus einer Sicht von „oben" oder aus der Sicht von MfS-Akten. Der Grenzer als Mensch, sein Alltag, seine Ängste und Hoffnungen spielten bei dieser Form von „Geschichtsaufarbeitung" keine Rolle.[1] Und so fand auch das Angebot meinerseits gegenüber einer Reporterin des NDR, im Rahmen einer „Zeitreise" oder eines ähnlichen NDR-Geschichtsformats über den Alltag an der Grenze zu sprechen, nur bei ihr Gehör. Denn nach kurzer Zeit teilte sie mir mit, dass ihre Chefs solche Themen im Radio nicht verhandelt wünschten.

---

[1] Auf Grund eines kürzlich erhaltenen Hinweises des Leiters des Grenzmuseums Schlagsdorf, Herrn Dr. Andreas Wagner, muss ich diese geäußerte Aussage zurücknehmen. Zu jenem Zeitpunkt kannte ich das 2015 erschienene Buch noch nicht: KNIEP, WOLFGANG: Der Eid. Erkenntnisse eines Grenzers zwischen Ost und West. Rostock 2015. Es ist die bisher einzige mir bekannte Publikation, die sich differenziert mit der Problematik Grenze und Grenzsoldaten auseinandersetzt.

Doch nun zu meiner Person. Ich wurde am 22. Juli 1962 in Wismar geboren. Mein Vater arbeitete damals in der Landwirtschaftlichen Produktionsge-
nossenschaft (LPG) Blowatz als Traktorist. Meine Mutter war Hausfrau. Aufge-
wachsen bin ich in einem kleinen Dorf namens Alt Farpen, unweit der Insel Poel
gelegen. 1972 zogen meine Eltern nach Wismar. Nach dem Besuch der dortigen
Polytechnischen Oberschulen (POS) *Gerhart Hauptmann* und der *Goethe*-
Schule wechselte ich 1976 an die Erweiterte Oberschule (EOS) *Geschwister
Scholl*. Am Ende der 11. Klasse signalisierte ich nach einem letzten Aufnahme-
test an der Offiziershochschule der Nationalen Volksarmee (NVA) in Zittau,
dass ich nicht mehr Offizier, sondern Lehrer werden wollte. Während diese Entscheidung von den Offizieren der Aufnahmekommission in Zittau ohne große
Diskussionen akzeptiert wurde, kam es an der EOS in Wismar zu einigen Ge-
sprächsrunden mit mir und meinen Eltern. Letztendlich akzeptierte die Schulleitung meine Entscheidung. Das Angebot meinerseits, drei Jahre zur Armee zu
gehen, um Kompromissbereitschaft zu signalisieren, wurde nicht aufgegriffen
und verlief im Sande. Wie ich später erfahren sollte, war solch ein Verhalten
nicht überall üblich – im Gegenteil. Daher bin ich meinem Klassenlehrer, dem
Parteisekretär der EOS und letztendlich auch der Schulleitung noch heute dankbar, dass sie sich mir gegenüber fair und anständig verhalten haben.

Im Sommer 1980 machte ich mein Abitur mit einem Durchschnitt von
1,4. Nachdem sich mein Traum, ein Lehrerstudium für Geschichte und Geogra-
phie an der Berliner Humboldt-Universität aufzunehmen, auf Grund von Kon-
tingentsgründen zerschlagen hatte, wurde ich auf ein Studium an der Universität
Rostock in den Fächern Deutsche Sprache und Literatur sowie Geschichte um-
gelenkt. Bevor ich dieses jedoch beginnen konnte, stand der obligatorische 18-
monatige sogenannte „Ehrendienst" in der Nationalen Volksarmee (NVA) oder
bei den Grenztruppen der DDR an. Auf Grund der allgemeinen Wehrpflicht, die
in der DDR seit 1961 bestand, wurde jeder junge Mann gezogen und somit auch
ich.

Begonnen hat dieser mich bis heute maßgeblich prägende Lebensab-
schnitt bereits am 21. März 1980. An diesem Tag, es war der 40. Geburtstag
meiner Mutter, wurde ich als 17-jähriger gemustert. Entsprechend den Vorstellungen des Wehrkreiskommandos sollte ich zur NVA, genauer gesagt zu den
Mot.-Schützen. Das war eine Entscheidung, die man nicht beeinflussen konnte,
es sei denn, man hätte energisch darauf gedrängt, drei Jahre zur Armee zu gehen
– doch das wollte ich nicht!

Somit musste ich mich damit abfinden, 18 Monate bei den *Sandlatschern*
oder *Muckern*, wie man damals sagte, zu dienen. Der Ruf dieser Waffengattung
der DDR-Streitkräfte war gelinde gesagt schlecht. Es war bekannt, dass in diesen
Einheiten Soldaten dienten, die für alle anderen Waffengattungen nicht geeignet

erschienen. Ich wusste nichts Genaues, aber immerhin so viel, dass die EK-Bewegung hier weit verbreitet war. Da die NVA ihre Rekruten jeweils im Frühjahr und im Herbst zog, war der Grundwehrdienst in drei Diensthalbjahre zu sechs Monaten strukturiert. Die sogenannte E-Bewegung war insbesondere in der NVA sehr stark. Das erste Diensthalbjahr unterstand dem zweiten und beide wiederum dem dritten, den sogenannten Entlassungskandidaten (EK). Der Druck, der insbesondere auf den Neuen lag, war in manchen Einheiten enorm. Immer wieder kam es zu Drangsalierungen. Insbesondere Angehörige bildungsferner Schichten, wie man heute sagen würde, übten einen sehr starken physischen und psychischen Druck auf sportlich und körperlich schwächere Kameraden, aber auch auf Abiturienten aus. Diese Dinge wusste ich, wenn auch nur ansatzweise!

Vor diesem Hintergrund bestieg ich am 4. November 1980 am frühen Morgen auf dem Wismarer Bahnhof einen Sonderzug. Auf seiner Fahrt über Rostock, Bützow, Schwerin, Ludwigslust und Wittenberge sammelte er weitere junge Männer ein. Im brandenburgischen Glöwen bei Bad Wilsnack endete für mich und viele andere die unbekannte Reise. Nach einem kurzen Marsch vom Bahnhof zum Militärobjekt durchschritten wir am frühen Nachmittag das Kasernentor des Grenzausbildungsregiments 5. Ich war froh – keine Mot.-Schützeneinheit, sondern Grenze – auch wenn ich nicht wusste, was mich hier erwartete.

Die anfängliche Freude wich jedoch schnell, wie man dem Passbild meines Wehrdienstausweises (Abbildung 1) unschwer entnehmen kann. Trotz aller Unannehmlichkeiten und häufigen Sinnfreiheit, die der Militärdienst immer wieder mit sich brachte, richtete ich mich einigermaßen ein. Bis Ende April 1981 waren die Wochentage von morgens 6.00 Uhr bis abends 22.00 Uhr einem festen Dienstplan unterworfen: Frühsport, Frühstück, Ausbildung, Mittag, Ausbildung, Abendbrot, Revierreinigen, Freizeit. Lediglich der Sonnabendnachmittag und der Sonntag standen in der Regel zur freien Verfügung. Die Ausbildung beinhaltete die sportliche Ertüchtigung, den Umgang mit der Waffe, Politunterricht usw. Ausgang in die Dorfkneipe gab es selten. Regelmäßig hieß es nach dem Abendbrot: Kartoffelschälen.

Nach all diesen soldatischen Notwendigkeiten freute ich mich immer auf den Abend in unserer Soldatenstube, die von zehn Mann bewohnt wurde. Hier vergaß man in der Regel schnell die Misslichkeiten des Alltags. Das Klima auf der Bude war sehr gut. Es gab keine E-Bewegung, sondern ein kameradschaftliches Miteinander. Die Zusammensetzung meines Zimmers entsprach der Einzugspraktik der Grenztruppen: Abiturienten, Seeleute, verheiratete Ehemänner.

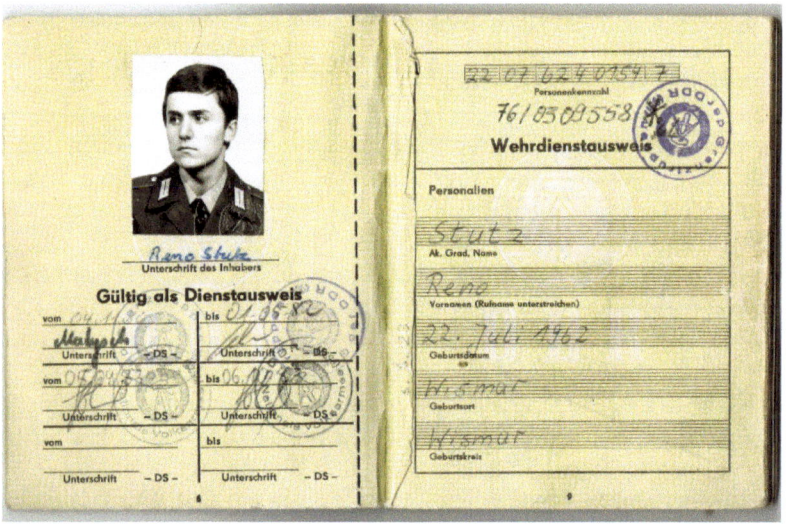

Abbildung 1
Wehrdienstausweis Reno Stutz 1980

Denn diese sozialen Schichten oder Gruppierungen, so die „Denke" der obersten militärischen Führung, würden mit an Sicherheit grenzender Wahrscheinlichkeit nicht in den Westen abhauen. Das Abitur wurde in der BRD nicht anerkannt, Seeleute konnten ohne Risiko auf einer Seereise verschwinden und Eheleute oder Väter würden ihre Familie nicht im Stich lassen. Und so saßen allabendlich 18-jährige neben 24/25-jährigen gestandenen Seeleuten und Familienvätern. Insbesondere die Seefahrer erzählten immer wieder interessante Geschichte über ihre Fahrten ins Mittelmeer, nach Asien, über Besuche von Märkten und Einrichtungen der käuflichen Liebe.

Als aktiver Schachspieler gehörte ich seit 1976 dem Turn- und Sportverein (TSG) Wismar an. Nach meiner Ankunft in Glöwen wurde ich sofort im Armeesportverein (ASV) Glöwen aufgenommen, so dass ich an den Punktspielsonntagen Ausgang bekam. Während der Februarferien organisierte ich an der Glöwener POS Schachturniere für Kinder und Jugendliche. Jeder zusätzliche Ausgang wurde von mir dankbar angenommen.

Abwechslung, aber mehr der negativen Art, brachten das Gefechtsschießen im Vorharz oder Arbeitseinsätze zwecks Abwehr von Hochwassereinbrüchen im Raum Boizenburg. Diese Tage waren voller Entbehrungen, von Kälte, höchster körperlicher Belastungen und Schlafentzug geprägt. In Erinnerung

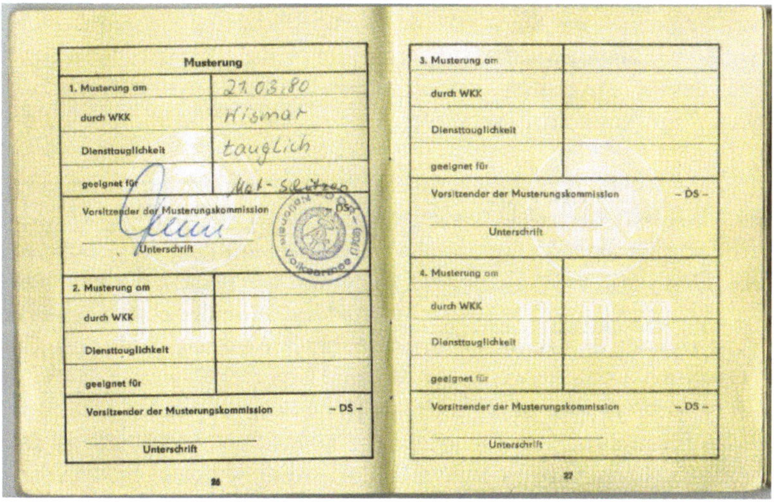

Abbildung 2
Wehrdienstausweis Reno Stutz 1980, S. 26: Musterung zu den Mot-Schützen

bleibt aber auch eine Übung, die eine Überquerung der Elbe mit einem sogenannten *Eisenschwein*, einem veralteten, gepanzerten Fahrzeug zum Transport von Mot.-Schützen, beinhaltete. Auf Grund eines technischen Fehlers wurde das eindringende Wasser durch die Pumpe nicht nach außen gedrückt, sondern angesaugt. Um Haaresbreite wäre das Fahrzeug mit mehreren Soldaten abgesoffen, zumal der diensthabende Offizier dem Bergepanzer nicht den Befehl zur Rettung gab. Und so wurde ich Zeuge, wie der Kommandant des betroffenen Fahrzeuges, ein junger Leutnant unseres Nachbarzuges, den deutlich ranghöheren Offizier ob des ausgebliebenen Rettungsbefehls vor Dutzenden von Soldaten und Offizieren anbrüllte und nur mit Mühe von einer tätlichen Auseinandersetzung abzuhalten war.

Wenige Tage bevor es an die „Grüne" Grenze ging, stand ein Gespräch mit einem Angehörigen des MfS an. Jeder Soldat, alphabetisch aufgerufen, wurde in ein Zimmer befohlen, das sich zufällig neben unserer Soldatenstube befand. Natürlich wusste auch ich, dass der junge Mann, der hier sein Büro besaß, zur *Abteilung Schneewittchen* oder *Abteilung 2000* gehörte. Diese Bezeichnungen waren unter uns Soldaten die üblichen. Niemand sprach vom MfS.

Auf Grund meines Nachnamens Stutz gingen etliche Zimmerkameraden vor mir in das gittertürgeschützte Büro. So erfuhr ich rechtzeitig, warum ein jeder von uns dort hinein musste und vor allem, worum es bei dem Gespräch ging.

Dadurch kannte ich die Fragen des MfS-Angehörigen, die er jedem stellte, bereits vorab, vor allem aber die Antworten, die meine Stubenkollegen gaben. Die Kenntnis dessen, was gefragt wurde, und dass sie trotz ihrer Antworten unbehelligt wieder auf unserem Zimmer erschienen, war für mich eine unglaubliche Hilfe.

Und dann wurden auch mir diese Fragen gestellt, deren Inhalt und Konsequenz sich mit jeder weiteren verschärfte. Nach einem allgemeinen Vorgeplänkel über den Sinn der Grenze und unserer zukünftigen Aufgabe dort wurde es Ernst. Den genauen Wortlaut der Fragen weiß ich heute natürlich nicht mehr. Aber in meinem Gedächtnis hat sich folgendes fest eingegraben: „Würden Sie einen Grenzverletzer an einem Grenzdurchbruch hindern?" Eine Frage, die ich, auch auf Grund des Wissens um das Verhalten meiner Kameraden, mit „Ja" beantwortete. „Würden Sie dabei auch ihre Schusswaffe" – jeder Grenzer war mit einer Maschinenpistole des Typs Kalaschnikow 47 und 60 Schuss ausgerüstet – „einsetzen?" Meine Antwort lautete: „Ja, ich würde durch gezieltes Einzelfeuer auf die Beine versuchen, den Grenzdurchbruch zu verhindern."

Dem ersten Schuss aus der Waffe hatte unter allen Umständen ein dreiteiliger Aufforderungsreigen voranzugehen. Zunächst hatte der Ruf „Halt!" zu erfolgen. Kam es daraufhin zu keiner Reaktion, hatte der Grenzsoldat „Halt, stehen bleiben oder ich schieße!" zu rufen. Dann war die Waffe zu entsichern, der Hebel auf Einzelfeuer zu stellen und ein Schuss in die Luft abzugeben. Ein Kanon, den ich bis heute verinnerlicht habe.

Die Konsequenz der Fragen nahm weiter zu! Die nächsten bezogen sich nämlich auf das Verhindern eines Grenzdurchbruchs, der möglicherweise von engen Freunden, Frauen oder Kindern sowie von eigenen Familienangehörigen verübt würde. Darauf antwortete ich, wie schon meine Kameraden zuvor, mit „Nein". Die Antwort wurde notiert und man konnte das Zimmer verlassen. Natürlich hatte man kein gutes Gefühl und der Gedanke, nicht an die Grenze zu kommen, sondern in eine Mot.-Schützeneinheit abgeschoben zu werden, beschäftigte nicht nur mich.

Am nächsten Tag war die Ungewissheit bereits beendet. Auf Lkw verladen begann der Abtransport in die einzelnen Grenzregimenter. Ich wurde zunächst nach Schönberg (Mecklenburg) verbracht und von dort zur 1. Grenzkompanie nach Pötenitz. Sie war die nördlichste Einheit der Grenztruppen der DDR, an die sich in Richtung Ostsee ein Kommando der Grenzbrigade Küste anschloss. In Glöwen träumten wir Soldaten, gespeist von Phantasien und Halbwahrheiten, von zwei Kompanien: Die eine befand sich an der Grenze im Raum Salzwedel, wo sich auf westdeutscher Seite angeblich eine große Leinwand befand, auf der regelmäßig erotische Filme gezeigt wurden. Der zweite begehrte Einsatzort war die 1. Grenzkompanie, denn hier befand sich auf westlicher Seite ein FKK-Strand. Beide Aussichten beschäftigten Tausende junge Männer, die in der Regel in einem Halbjahr nur zweimal auf Urlaub nach Hause fahren durften.

Aus Sicht meiner ehemaligen Zimmerkameraden hatte ich das große Los gezogen, gehörte zum Abschnitt meiner Grenzkompanie doch ein Grenzturm, der sich nur wenige hundert Meter vom besagten Strand entfernt befand. Auf ihm sollte ich unzählige Stunden verbringen. Angesichts dessen, was einem bevorstand, relativierte sich das vermeintliche Glück jedoch sehr schnell. Nach wenigen Tagen hatte einen der harte Grenzdienst völlig im Griff und der Anblick nackter Körper wurde für die von Frau oder Freundin getrennten Soldaten eher eine körperliche und seelische Belastung als denn etwas Beglückendes.

Unsere Grenzkompanie lag am Rande des Dorfes Pötenitz. Von hier aus fuhren wir jeden Tag an den *Kanten* – das Wort Grenze wurde von uns Grenzern kaum verwendet –, um dort auf die einzelnen Posten verteilt zu werden. Ein Postenpaar bestand aus zwei Mann, einem Soldaten im 2. Diensthalbjahr und einem zumeist Gefreiten im 3. Diensthalbjahr. Bereits in der ersten Nacht wurde ich von dem mir gegenüber Befehlsgewalt besitzenden Gefreiten in eine Situation gebracht, auf die man uns in Glöwen nicht vorbereitet hatte. Sofort nach Schichtbeginn wurde ich mit der Frage konfrontiert, ob ich die Absicht hätte, in den Westen abzuhauen. Ich brauchte eine erhebliche Zeit, um diese für mich völlig unerwartete Frage überhaupt zu erfassen. War sie ein Test, dessen falsche Beantwortung womöglich Folgen haben könnte? Zum Glück ließ mir der Gefreite keine Zeit und äußerte sich, so meine Erinnerung, wie folgt: „Hör zu! Wenn Du abhauen willst, tue es. Ich werde Dich nicht aufhalten. Stelle Dich aber nicht glatt an." „Glatte" waren im Soldatenjargon Rekruten des 1. Diensthalbjahres, die von den „Alten" (3. Diensthalbjahr) generell als unerfahren und dumm eingestuft wurden. Was er unter „nicht glatt anstellen" verstand, gab mir mein Gefreiter sofort unmissverständlich zu verstehen: „Auch wenn Du normalerweise im Grenzdienst immer vor mir zu gehen hast, wird sich eine Situation ergeben, in der Du mich gefahrlos entwaffnen kannst. Wenn Du die Maschinenpistole auf mich richtest, werde ich nichts unternehmen. Du bekommst meine Waffe und hau ab! Ich habe Familie und dorthin will ich in sechs Monaten wieder zurück."

Ich sagte ihm, dass ich in der DDR bleiben wolle. Und, um es vorweg zu nehmen, ich habe nie daran gedacht, in den Westen zu gehen. Ohnehin ging ich zu diesem Zeitpunkt davon aus, dass die Grenze auch für einen Grenzsoldaten nicht zu überwinden sei. Denn schließlich standen ein drei Meter hoher Streckmetallzaun und weitere mir womöglich noch nicht bekannte Grenzsicherungsanlagen vor mir. Mit der Zeit bekam ich allerdings die notwendigen Kenntnisse,

DDR - Grenzsperranlagen

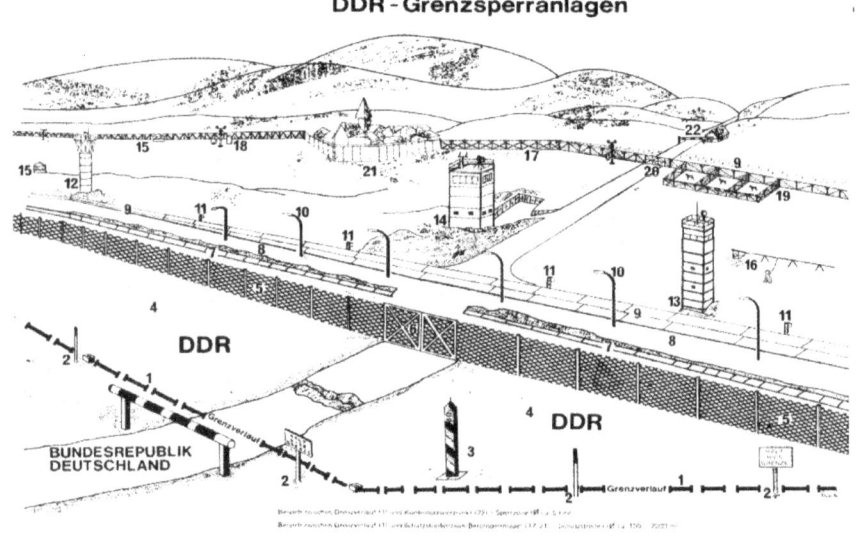

Abbildung 3
Idealtypische Darstellung der Grenzanlagen
Bereich zwischen Grenzverlauf (1) und Kontrollpassierpunkt (22), Sperrzone (ø ca. 5 km)
Bereich zwischen Grenzverlauf (1) und Schutzstreifenzaun/Betonsperrmauer (17, 21)
Schutzstreifen (ø ca 100-2000 m)

dass ein Grenzsoldat jederzeit in der Lage war, einen Grenzdurchbruch erfolgreich abzuschließen. Doch dazu kam es während meiner Dienstzeit und in meiner Kompanie nie.

Der von der Grenzkompanie zu bewachende Abschnitt zog sich vom Priwall, einer Landzunge, die die Ostsee von der Pötenitzer Wiek trennt, bis nach Herrnburg im Süden hin oder aus westlicher Perspektive betrachtet, von Travemünde bis Lübeck-Eichholz. Die beiden Grenzübergangsstellen Herrnburg (Eisenbahn) und Selmsdorf (Straße) wurden von uns nicht bewacht. Sie bildeten quasi Enklaven. Unser Abschnitt zeichnete sich vor allem durch viel Wald und Gewässer aus. Als problematisch galt die Dassower Bucht, zumal sich in ihr eine Insel befand, wo sich angeblich ein Funkgerät und Lebensmittel befanden. Falls es ein Grenzverletzer bis hier schaffen sollte, konnte dieser den Bundesgrenzzolldienst (BGS) kontaktieren, der ihn dann abholte, da die Insel westdeutsches Hoheitsgebiet war. Ein weiterer aus Sicht des DDR-Grenzsoldaten schwieriger Abschnitt war der Priwall und die Pötenitzer Wiek. Immer wieder kam es hier zu Zwischenfällen, da insbesondere an Freitag- und Samstagabenden Mutproben durchgeführt wurden. Betrunkene Westbürger versuchten regelmäßig die ca. zehn bis zwölf Meter auf DDR-Territorium stehenden Grenzsäulen zu umlaufen.

Abbildung 4
Grenzsäule der DDR

Tagtäglich zog ich mit mir mehr oder weniger bekannten Gefreiten für mindestens acht Stunden in Früh-, Spät- und Nachtschichten auf Wachdienst. Sieben Tage in der Woche, drei Monate lang, bis der erste Urlaub anstand. Unzählige Einsätze in den Grenzalarmgruppen verkürzten die Frei- und Erholungszeit sowie den Schlaf erheblich. Übermüdung war ein ernsthaftes Problem, insbesondere während der Nachtschichten. Flog man als Alarmgruppe aus den Betten, hatte man drei Minuten Zeit, in Gefechtsausrüstung, das heißt bekleidet und mit seiner Maschinenpistole sowie 60 Schuss Munition auf dem bereitstehenden Lastkraftwagen zu sitzen. Diese Zeit war kaum zu schaffen, aber anzustreben. Dann ging es in Höchstgeschwindigkeit in den Grenzabschnitt. Die einzelnen Postenpaare wurden abgesetzt, um eine Postenkette zwischen dem Grenzsignalzaun und dem letzten Sperrelement, dem drei Meter hohen Streckmetallzaun, zu bilden. Hier traf man unter Umständen auf Postenpaare, die von der im Grenzabschnitt befindlichen Leitstelle bereits Stellung bezogen hatten. Parallel damit einher ging die Kontrolle des ca. mehrere Meter breiten, stets geharkten Streifens nach Spuren, der sich vor dem Signalzaun befand. In der Regel wurde nichts gefunden und der Auslöser einem technischen Defekt, zumeist aber dem *diensthabenden* Fuchs, Reh bzw. Wildschein, wie man die Auslösung durch Wild unter uns Soldaten sarkastisch nannte, zugeschrieben.

Alle Soldaten und Gefreiten waren über das Grenzmeldenetz mit der Einsatzstelle verbunden. Über ein kleines, wir nannten es *Gummiohr* wurden von den Postenpaaren Meldungen abgesetzt, aber auch Befehle und Lageeinschätzungen empfangen. Kam die Meldung, Soldat oder Soldaten aus einem Standort der Gruppe der sowjetischen Streitkräfte, wie zum Beispiel Wismar oder Schwerin usw., seien flüchtig, erfuhr der ohnehin psychisch belastende Dienst eine ungeahnte Dimension. Niemand von Ihnen kann sich auch nur ansatzweise vorstellen, was es bedeutete, solch eine Nachricht in Empfang zu nehmen und dann über Stunden reglos in Deckung auszuharren.

Um an Waffen zu kommen, über die die flüchtenden Sowjetsoldaten immer verfügten, mussten sie zumindest den Waffenunteroffizier töten. In der Regel wurde auch noch ein Wachposten ermordet. Schwerbewaffnet bewegten sich diese Soldaten dann auf die Grenze zu, beseelt von nur einem Gedanken, durchkommen. Denn, so unser damaliger Kenntnisstand, sollte er es nicht schaffen, wurde er in der Sowjetunion zum Tode verurteilt. Sollte er es aber schaffen und in die Bundesrepublik durchbrechen, ging er straffrei aus. Uns war bekannt, dass wenige Jahre vor meiner Dienstzeit in einem benachbarten Bataillon ein flüchtender Rotarmist auf Grenzsoldaten stieß und sich daraufhin ein schweres Feuergefecht entspann. Glücklicherweise drehte der sowjetische Soldat ab und flüchtete in eine andere Richtung, wo er letztendlich von Spezialkräften getötet wurde. Für die beiden Grenzsoldaten war die Armeezeit beendet. Wie es hieß, seien sie psychisch gebrochen gewesen.

Ich selbst habe solche Nächte zweimal durchgemacht. Kam die Meldung, verließen wir sofort unseren eigentlichen Postenbereich und gingen in Deckung. Vor allem galt es, aus jeglichem Lichtschein herauszukommen, da die Grenze teilweise beleuchtet war. Über Stunden herrschte zwischen mir und meinem Gefreiten absolute Stille. Womöglich befremdet es Sie jetzt, aber wir hofften inbrünstig nur eines: Möge der Soldat von den ihn verfolgenden sowjetischen Spezialeinheiten oder von DDR-Grenzaufklärern rechtzeitig abgefangen werden. Natürlich war uns klar, dass der flüchtende Soldat dabei fast immer getötet wurde, aber lieber so, als wir! Über das Warum und Weshalb der Flucht machten wir uns natürlich auch Gedanken. Als Wismarer wusste ich um das schwere Leben eines einfachen Rotarmisten, denn in meiner Heimatstadt befand sich eine große sowjetische Garnison. Doch angesichts der Toten, die ein flüchtender Soldat der Sowjetarmee auf dem Gewissen hatte – wir hätten geschossen. Sage ich heute! Doch womöglich hätte uns die Angst blockiert, und wir wären erschossen worden. Denn niemand weiß, wie er in solch einer extremen Zwangssituation letztendlich reagiert und ob die Nerven Stand gehalten hätten.

Neben diesen Extremsituationen, die glücklicherweise sehr, sehr selten waren, herrschte in der Regel an der Grenze aus unserer Sicht Normalität. Soll heißen, der Dienst wurde ohne besondere Vorkommnisse angetreten und ohne besondere Vorkommnisse beendet. Ein großes Problem für jeden Grenzsoldaten war jedoch die Langeweile im Grenzabschnitt, insbesondere wenn man auf einem Grenzturm saß. Die Vorstellung, dass während der achtstündigen Normalschicht hohe Aufmerksamkeit und strenge Wachsamkeit herrschte, ist falsch. Schon nach wenigen Wochen Dienst kannte man sich vereinzelt sehr gut. Dass, so der Tenor der bisher erschienenen Literatur, der Grenzdienst permanent vom Gefühl der Angst geprägt sei, insbesondere auch gegenüber seinem Postenpartner, kann ich nicht bestätigen. Im Gegenteil, ich wage sogar die etwas überzogene Behauptung, dass ich das Leben, das Fühlen und Denken einiger Kameraden besser kannte, als die mit ihnen verheirateten Frauen.

Gegen die Langeweile half uns am Grenzturm Priwall unter anderem ein kleines Kofferradio namens „Cora". Entsprechend verpackt wurde es in einer Röhre des Betonplattenweges versteckt. Es begleitete uns in unzähligen Schichten. Es war ein ungeschriebenes Gesetz, immer neue Batterien am Mann zu haben, um fast leere Zellen sofort auszutauschen. Da auf Grund der geringen Reichweite des Radios DDR-Sender nicht mehr empfangen wurden, mussten wir „notgedrungen" Westradio hören. Außerdem hatte ich immer ein Steckschachspiel in der Beintasche, um somit meine Partien – ich nahm an den DDR-Studentenmeisterschaften im Fernschach teil – zu analysieren. In der Kompanie angekommen, schickte ich dann die Fernschachpostkarten ab. Einer meiner Gefreiten, ein Koch der Deutschen Seereederei (DSR), hatte sich unweit des Priwall-Grenzturms einen kleinen Kräuter-Gemüsegarten angelegt und das Kochgeschirr einer Puppenstube in den Grenzabschnitt geschmuggelt. Fehlende Zutaten wurden aus der Kompanieküche mitgebracht. Regelmäßig schmiss er seinen kleinen Klappkocher, über den jeder Soldat verfügte, an und begann zu kochen. Auf kleinen Puppenstubentellern servierte er mehrmals seine Kreationen.

Trotz dieser Erlebnisse war der Grenzdienst auf die Dauer zermürbend. Wie bereits erwähnt, machte der siebentägige Rund-um-die-Uhr-Dienst jedem schwer zu schaffen. Jeder hoffte, während seines Dienstes nicht in einen Grenzdurchbruch zu geraten. Denn niemand wusste, wie er in solch einer Extremsituation reagieren würde. Ein Grenzdurchbruch bedeutete eine Zwangssituation, deren Ausgang unkalkulierbar war. Somit bin ich noch heute froh, dass ich davon verschont blieb. Allerdings nur durch einen unglaublichen Zufall, denn Ende Juni 1980 gelang einem Grenzverletzer am Grenzturm Priwall der erfolgreiche Durchbruch. Durch das hier vorhandene Gelände, insbesondere einen Graben, und zahlreiche Laternen sowie Scheinwerfer, die mehr blendeten als ausleuchteten, konnte das hier stationierte Postenpaar den Grenzverletzer nicht sehen. Ihm gelang die Flucht, die einen fürchterlichen *Sackstand* hervorrief. Offiziere des Grenzkommandos aus Schönberg und Angehörige des MfS vernahmen die beteiligten Soldaten. Keinem konnte eine Nachlässigkeit nachgewiesen werden. Glücklicherweise befand ich mich auf Grund einer Abkommandierung während dieser Zeit im Bataillonsstab in Selmsdorf.

Zum Schluss noch eine Bemerkung. Immer wieder fällt im Zusammenhang mit der Grenze der Begriff Schießbefehl. Heute weiß ich dahingehend natürlich einiges mehr, auch wenn er meines Wissens bis heute nicht nachgewiesen werden konnte. Bei Wikipedia steht in diesem Zusammenhang ein interessanter Satz: *Den Grenzsoldaten wurde bei der Einweisung in die Schusswaffengebrauchsvorschriften suggeriert, dass Fluchtversuche in jedem Fall und mit allen Mittel zu verhindern seien.* Von besonderer Bedeutung ist dabei das Wort *suggeriert.*

Während meiner Dienstzeit in Glöwen und Pötenitz und auf Grund einiger Versetzungen auch an andere Standorte wurden wir regelmäßig darauf „vergattert", unter allen Umständen Grenzdurchbrüche zu verhindern. Dabei wies man uns unmissverständlich darauf hin, dass unter gar keinen Umständen eine Kugel auf westdeutsches Gebiet gelangen dürfte. Uns wurde gesagt, man würde sie suchen und finden und als aggressiven militärischen Akt seitens der DDR gegenüber der BRD werten. Damit hätte der Grenzsoldat, sollte es geschehen, einen politischen Konflikt heraufbeschworen, der auf ihn unkalkulierbare Auswirkungen haben könnte. Daher war es für uns ein Gesetz, niemals „feindwärts", also in Richtung Bundesrepublik, zu schießen. Das Gleiche galt für Luftziele. Auch sie waren absolut tabu, auch wenn sie sich noch auf dem Gebiet der DDR befanden!

Ich habe unzählige „Vergatterungen" miterlebt. Auf diesen wurden die Grenzsoldaten vor ihrer Abfahrt an den *Kanten*, wie die Grenze bei uns hieß, über die aktuelle Situation im Abschnitt informiert. Formulierungen, wie Grenzdurchbrüche sind zu verhindern usw. sind regelmäßig gefallen. Aber ich kann mich nicht daran erinnern, dass die Ansprache des diensthabenden Offiziers Aussagen enthielt, die den Befehl erteilten, potentielle Grenzverletzer zu erschießen. Für uns Soldaten und Gefreite hieß das: Verhindern eines Grenzdurchbruchs „Ja", Schießen im äußersten Notfall „Ja", aber nur auf die Beine, Töten „Nein"!

Die Mauertoten mögen dem widersprechen. Es ist aber an der Zeit, um das Verhalten von Grenzsoldaten zumindest zu verstehen – es muss nicht akzeptiert werden –, sie in ihrem Alltag eingebettet zu betrachten. Jeder Grenzer hatte es bis auf wenige Situationen in der Hand, Mensch zu bleiben. Aber auch er war nur ein Spiegelbild der Gesellschaft und ein Querschnitt ihrer Menschen. Damals wie heute gab und gibt es Männer, deren Charakter, deren moralische Vorstellungen, insbesondere aber ihre Hemmschwelle im Umgang mit einer Waffe, niedriger liegen als bei den meisten. Auch deshalb gab es die vielen Toten an der Grenze.

Bevor Ihre Be- oder auch Verurteilung eines Grenzers hier aus den gemütlichen Räumen der Festung Dömitz, quasi vom „grünen Stuhl" aus und mit dem Wissen von heute ausgestattet, erfolgt, noch ein letzter Gedanke: Jeder Versuch, die Grenze zu durchbrechen, bedeutete für den Grenzsoldaten eine psychologische Extremsituation, der er letztendlich im Ernstfall nicht gewachsen war, auf die er auch durch ein halbes Jahr Ausbildung in Glöwen nicht einmal ansatzweise vorbereitet wurde, auf die er aber innerhalb von Sekunden reagieren musste!

Am Ende des Militärdienstes stand die Erleichterung. Jeder Soldat des 3. Diensthalbjahres trug 150 Tage vor seiner Entlassung ein Bandmaß. Täglich wurde ein Zentimeter abgeschnitten und mittels Brief an die Ehefrau oder an die Freundin nach Hause geschickt. Die Empfängerin klebte die Schnipsel auf eine Sektflasche, die am Tag der Entlassung gemeinsam ausgetrunken wurde.

Abbildung 5:
Sektflasche mit aufgeklebten Bandmaßzahlen für die letzten 150 Tage des Militärdienstes

Abbildungsnachweise

Abbildung 1
Wehrdienstausweis Reno Stutz 1980
Das Foto entstand am 04.11.1980, dem ersten Tag bei den Grenztruppen der DDR.
Privatarchiv Reno Stutz

Abbildung 2
Wehrdienstausweis Reno Stutz 1980, S. 26
Am Tag der Musterung erfuhr der zukünftige Wehrpflichtige, für welche Waffengattung er vorgesehen war.
Privatarchiv Reno Stutz

Abbildung 3
Idealtypische Darstellung der Grenzanlagen
Grenzhus Schlagsdorf und https://grenzrelikte.jimdo.com/ddr-grenzanlagen/ (15.08.2017)

Abbildung 4
Grenzsäule der DDR
Grenzhus Schlagsdorf und
https://upload.wikimedia.org/wikipedia/commons/6/6f/Moedlareuth_DDR-Grenzpfosten.jpg (15.08.2017)

Abbildung 5:
Sektflasche mit aufgeklebten Bandmaßzahlen für die letzten 150 Tage des Militärdienstes
Privatarchiv Reno Stutz

Die KSZE und die „innerdeutsche" Elbgrenze – eine unvollendete Geschichte

VON WOLF KARGE

Die Elbe war auf dem Abschnitt zwischen den Fürstentümern Mecklenburg-Schwerin und Braunschweig-Lüneburg oder Sachsen-Lauenburg mit den angrenzenden Gebieten seit dem Mittelalter umstritten. Fürsten versuchten immer wieder, die Wasserstraße unter ihre Kontrolle zu bringen.

Durch den Preußisch-Österreichischen Krieg 1866 fiel das Königreich Hannover als Provinz an Preußen. Damit begannen Verhandlungen zur Beseitigung der *schwebenden Differenzen über die mecklenburg-schwerinschen Grenzen des Gebiets und der Hoheitsrechte im Elbstrom und jenseits der Elbe in der Umgegend von Stadt Boizenburg und Dömitz*. Einigkeit gab es in einem Punkt: *Die Strommitte nach den beiderseitigen Normal-Uferlinien kann selbstverständlich nur dort die Hoheits-Grenzen bilden, wo das linke feste Ufer preußisch ist.*[1] Dabei zeigten sich der König von Preußen und der Großherzog von Mecklenburg-Schwerin *von dem Wunsche geleitet, verschiedene, bisher überall gar nicht oder nicht genügend geregelte Grenz- und andere Verhältnisse an und auf der Elbe von der Einmündung der Löcknitz oberhalb Dömitz bis zur Mecklenburg-Lauenburgischen Grenze unterhalb Boitzenburg einer Feststellung zu unterziehen.*[2]

Im Jahr 1873 ratifizierten die Landesherren das Ergebnis. Damit war der Grenzverlauf erstmals definiert. Das 20. Jahrhundert begann mit Auseinandersetzungen beim Hochwasserschutz, der Erhaltung der Schiffbarkeit und bei Hafenausbauten. Eine Karte aus dem Jahr 1906 diente wohl Deichbauarbeiten. Sie zeigt in der Strommitte eine Linie, die als *Strompolizeiliche Grenze* bezeichnet wird und weist die Ortschaft Kaltenhof am heutigen niedersächsischen Elbufer als mecklenburgisch aus (Abbildung 1).[3]

---

[1] Landeshauptarchiv Schwerin (künftig LHAS), 5.12-3/1 Mecklenburg-Schwerinsches Ministerium des Innern, Nr. 9333.

[2] LHAS, 1.1-12/3 Verträge mit dem Reich, deutschen Territorien, Städten und Orden – Brandenburg, Nr. 193a.

[3] Karte Blatt No. 102, 1906, Museum Festung Dömitz.

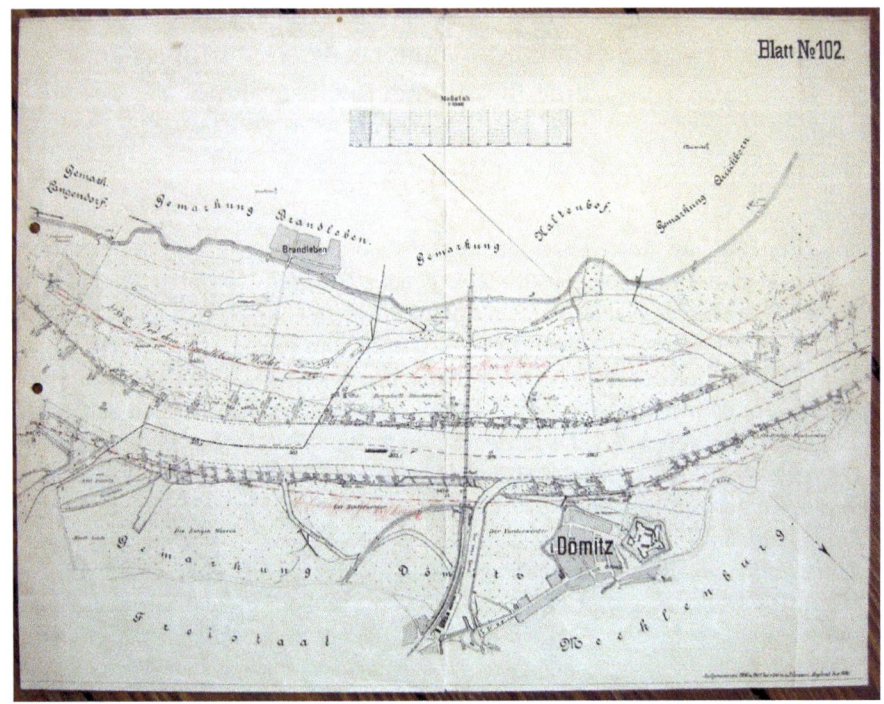

Abbildung 1
Die Elbe und die strompolizeiliche Grenze 1906 in der Mitte des Flusses

Die Alliierten beschlossen im Juli 1944 in London die Einteilung der zukünftigen Besatzungszonen nach dem Ende des Zweiten Weltkrieges. Das „Londoner Protokoll" beschreibt den Grenzabschnitt der Ostzone: *(wie in der beigefügten Karte „A" ersichtlich) Das Gebiet Deutschlands [...], das östlich der Linie liegt, die ihren Anfang nimmt an dem Punkt in der Bucht von Lübeck, an dem
die Grenzen von Mecklenburg und Schleswig-Holstein zusammentreffen, entlang der Westgrenze von Mecklenburg zur Grenze der Provinz Hannover verläuft und weiter entlang der Ostgrenze von Hannover zur Grenze von Braunschweig.*[4] Dieses Protokoll bildete später die Basis aller Verhandlungen, obwohl
der Text keine Angabe zur Flussgrenze macht, und die Grenzlinien in den Karten

---

[4] KRÜGER, Herbert; RAUSCHNING, Dietrich: Die Gesamtverfassung Deutschlands. Nationale
und internationale Texte zur Rechtslage Deutschlands. Frankfurt am Main und Berlin 1962,
S. 75.

sehr ungenau waren.[5] Im Mai 1945 besetzten britische Truppen Mecklenburg bis zur Linie Wismar-Schwerin-Ludwigslust. Am 1. Juli übernahm die Rote Armee diese Gebiete einschließlich des bis dahin hannoverschen Amtes Neuhaus. Eine Präzisierung der Grenzlinie auf der Elbe erfolgte nicht.

Mit der Verschärfung des Kalten Krieges und dem Beginn intensiver Grenzbewachung erfuhr der Abschnitt zwischen Lenzen und Boizenburg auf der Ostseite und zwischen Schnackenburg und Lauenburg auf der Westseite (Flusskilometer 473 bis 566) besondere Aufmerksamkeit. Er wurde zum hochrangigen Politikum.

Unklar war, ob über die Mitte der Fahrrinne, das Flusstal oder über die Flussmitte zu reden sei. Die DDR-Staatsführung beanspruchte gemäß internationalem Völkerrecht die Flussmitte. Die Bundesrepublik Deutschland reklamierten dagegen das Ostufer, präzise: *die Linie des jahreszeitlich mittleren Wasserstandes*, für sich.[6]

Auch die Verwaltungen taten sich schwer. *Als die O[ber]F[inanz]D[irektion] Hannover am 18.7.59 beim Niedersächsischen Innenministerium anregte, die Kartendarstellung der D[emarkations]L[inie] an das Nordufer zu verlegen, erfolgte eine brit[ische] Intervention. Die Darstellung der DL in den Karten solle bewußt unklar gehalten werden, um Streitigkeiten mit der UdSSR zu vermeiden.*[7] Das wurde offenbar in Hannover negiert, erklärt aber die sprachlichen Verrenkungen auf einer offiziellen Karte Niedersachsens 1961. Dort verläuft die Grenze am östlichen Elbufer. In der Legende wird vermerkt: *SBZ-Demarkationslinie. Darstellung ohne Gewähr.* Im Übersichtsteil wird das Amt Neuhaus als *z.Zt. nicht unter niedersächsischer Verwaltung* beschrieben.[8]

Nach dem Wahlsieg der SPD 1969, der Kanzlerschaft von Willy Brandt und der Berufung von Helmut Schmidt zum Verteidigungsminister begannen ernsthafte Bemühungen zur Entschärfung des Kalten Krieges. In Ost-Berlin übernahm Erich Honecker 1971 die Führung von Staat und SED und reklamierte die Entspannungspolitik als seinen Erfolg. Die Staatssicherheit beobachtete die Entwicklung, trat aber nicht öffentlich in Erscheinung.[9]

---

[5] SCHRÖDER, Dieter: Die Elbe-Grenze. Rechtsfragen und Dokumente. Baden-Baden 1986, S. 26.

[6] Der Spiegel 44 (1966), 24.10.1966, S. 47.

[7] LHAS, 10.9-S/32; SCHRÖDER (WIE ANM. 5), Nr. 3.

[8] Topographische Karte L 2730 Boizenburg (Elbe). Hrsg. vom Niedersächsischen Landesverwaltungsamt – Landesvermessung 1961.

[9] NASS, Klaus Otto (Hrsg.): Die Vermessung des Eisernen Vorhangs, deutsch-deutsche Grenzkommission und DDR-Staatssicherheit. Freiburg 2010. – Archiv des Bundesbeauftragten für

Mit Beginn der politischen *Tauwetterperiode* in Vorbereitung der Helsin-
kier Konferenz über Sicherheit und Zusammenarbeit in Europa (KSZE) 1973
ergaben sich Möglichkeiten eines sachlichen Dialogs zwischen beiden deutschen Staaten. Zuvor wurde 1971 das Vier-Mächte-Abkommen über die Grenz-
regelung in Berlin abgeschlossen. 1972 folgte der Grundlagenvertrag zwischen
der DDR und der BRD, der im Juni 1973 in Kraft trat.[10] Entscheidend war die
Feststellung, dass die Grenze zwischen der DDR und der Bundesrepublik weiterhin auf Besatzungsrecht beruhen sollte.

Für die Überprüfung der Grenzmarkierung und Vermessung wurde eine
gesonderte *Arbeitsgruppe Grenzmarkierung* gebildet, der auch Vertreter des
Bundesgrenzschutzes (BGS) und der Nationalen Volksarmee (NVA) angehörten.[11] Die Arbeit verlief unspektakulär. Dem entsprach die Wahrnehmung in den
politischen Führungsebenen. Treffen in der DDR fanden kaum Resonanz in der
örtlichen Presse.

Zum Verkehr auf und zum Schutz der Elbe und ihrer Ufer waren 1972 im
Vertrag über Fragen des Verkehrs Festlegungen im Abschnitt (Artikel 17 – 23)
getroffen worden, die zum Beispiel den Schiffsverkehr, die Zusammenarbeit im
Wasserbau, Verkehrsabläufe und das Verhalten bei Notfällen und Havarien re-
gelten. Fährverkehr war nicht vorgesehen. Frachtverkehr und der Einsatz von
Eisbrechern wurde ausdrücklich gestattet.[12]

Die Grenzlinie blieb ein Problem. In Schleswig-Holstein und Niedersachsen gab es in den Verwaltungen verschiedene Auffassungen. Während eine
Karte des Kreises Herzogtum Lauenburg die Elbmitte auswies[13], zog das niedersächsische Landesvermessungsamt die Grenze entlang der östlichen Buhnenköpfe.[14]

1975 begannen dazu gesonderte Gespräche. Die DDR bestand auf der
Elbmitte, während besonders das von einer CDU-FDP-Koalition regierte Land

---

die Unterlagen des Staatssicherheitsdienstes der ehemaligen Deutschen Demokratischen Republik (künftig BStU), Sekretariat Neiber, 05.04 Grenzkommission der DDR und der BRD,
Grenzkarten.

[10] Bulletin des Presse- und Informationsamtes der Bundesregierung vom 8. November 1972,
Nr. 155, S. 1842-1844.

[11] Der Spiegel 29 (1973), 16.07.1973, S. 36.

[12] Gesetzblatt der DDR 1972, Teil I, S. 260.

[13] Kreiskarte Kreis Herzogtum Lauenburg Nr. 53, Landesvermessungsamt Schleswig-Holstein 1977, Nachträge 1982.

[14] Topographische Karte L 2730 Boizenburg (Elbe), (wie Anm. 8).

Niedersachsen durch ein Gutachten von Dietrich Rauschning für die Landtagsfraktion der CDU die östliche Uferlinie als Grenze reklamierte. Rauschning, Direktor des Instituts für Völkerrecht an der Universität Göttingen, berief sich auf Gewohnheitsrecht der britischen Besatzer nach 1945.[15] CDU-freundliche Kreise sorgten für eine breite Öffentlichkeit des Gutachtens, aber in der SPD überwog Skepsis.

Die DDR wollte durch die Anerkennung der Elbmitte de facto eine völkerrechtlich gültige Grenze. Die völkerrechtliche Anerkennung wollte die Bundesrepublik aber strikt aus allen Verhandlungen ausklammern. Sie betonte immer wieder die besondere staatsrechtliche Situation zwischen den beiden Ländern.

Die Lastschifffahrt war geregelt. Probleme hielten sich in Grenzen. Die Bezirksdirektion der Volkspolizei, Abt. Schutzpolizei, berichtete an die Bezirksleitung Schwerin der SED über *Vorkommnisse auf der Elbe im Grenzgebiet 1974*. (Das Jahr dient als Beispiel für den Alltag auf der Elbe.) Im 1. Halbjahr 1974 wurden insgesamt 8.448 Fahrzeuge registriert. Davon bildeten 4.755 Fahrzeuge der BRD und Westberlins den Hauptanteil von 56,2 %. 2.278 (27,0 %) kamen aus der DDR, 1.382 (16,5 %) aus der ČSSR und 33 (0,3 %) entfielen auf Polen.[16] Der größte Teil der Frachten ging von Hamburg nach Westberlin

In Dömitz befand sich seit 1958 ein Bootsstützpunkt und seit 1961 die 1. Bootsgruppe der NVA. Seit 1972 gehörte die Dömitzer Bootskompanie zu den Grenztruppen der DDR und war dem Grenzregiment 8 des Grenzkommandos Nord unterstellt. Sie sollte die Kontrollhoheit bis zur Elbmitte sichern. Dagegen protestierte die Bundesrepublik, duldete aber den Zustand. Auf den Uferseiten kontrollierten Posten die Grenze – im Osten die NVA, später die Grenztruppen. *Grenzaufklärer* sollten Fluchtversuche vereiteln und die Aktivitäten auf der Westseite beobachten. Im Westen überwachten der BGS und der Zollgrenzdienst (ZGD) teilweise aus kleinen Hubschraubern heraus die aus ihrer Sicht *innerdeutsche Grenze*. Auch der ZGD patrouillierte mit Booten. Die Zöllner hatten die Schlepper zu kontrollieren. Die Vermessung der Fahrrinne erfolgte weiter durch die Hamburger Wasser- und Schifffahrtsdirektion.

Durch die in der Bundesrepublik auch in den Medien vertretene Ansicht des Grenzverlaufs östlich zwischen den Buhnenköpfen wagten es Schwimmer aus dem Westen, bis an die Buhnenköpfe heranzuschwimmen. Für die DDR war das eine *Demonstrativhandlung an der Staatsgrenze*. Einige Schwimmer fing

---

[15] RAUSCHNING, Dietrich: Die Grenzlinie im Verlauf der Elbe. In: Recht im Dienst des Friedens. Festschrift für Eberhard Menzel. Berlin 1975, S. 432 f.

[16] LHAS, 10.34-3 Bezirksleitung der SED Schwerin (1972-1976), Nr. 2853.

die Bootskompanie ab. Sie wurden verhört und schließlich abgeschoben. Erich Honecker ließ unter dem Druck der KSZE Helmut Schmidt vertraulich mitteilen, er habe *Maßnahmen veranlaßt, die weitgehend unterbinden sollen, daß Personen aus der BRD, die die Grenze verletzen, Schaden erleiden. Es sei denn, es handelt sich um sichtbar angelegte Provokationen. Bei einer solchen erkennbaren Absicht gilt das Prinzip, den Grenzverletzer ohne Gefahr für Leib und Leben der DDR-Grenzer festzunehmen.*[17]

Die sachliche Atmosphäre der Verhandlungen auf Regierungsebene griff bei Weitem nicht auf die politische Praxis in der Breite über. Hier blieben oft Hardliner des Kalten Krieges die Wortführer.

Es gibt bis heute keine verlässlichen Zahlen über gelungene und verhinderte Fluchten. Auch die genaue Zahl der Todesopfer ist noch unklar.[18] Eine gesonderte Untersuchung für die Elbgrenze liegt ebenfalls nicht vor.

Trotzdem war die paritätische Grenzkommission 1975 auf einem guten Weg. Die unteren Behörden der DDR unterstützten die Arbeit. Am 15. Mai 1975 erhielt die Bundesregierung eine *Rechtliche Würdigung* der Fragen, die zwar einen Grenzverlauf am rechtselbischen Ufer im Bereich des früheren Amtes Neuhaus nicht ausschließen wollte, aber andererseits für den übrigen Abschnitt die Elbmitte belegte.[19] Das führte in der Grenzkommission zum Protokollvermerk *Abschnitt Elbe Grenzabschnitte 7 bis 9*, der aber nicht unterschrieben wurde.[20] Die Hintergründe für die fehlenden Unterschriften sind unklar. Jedoch wurde auch später oft auf diesen Vermerk zurückgegriffen – erfolglos. Gleichzeitig machten Gerüchte die Runde. *Bonn würde, wie zu hören ist, gegen den Protest der CDU/CSU die Grenze in Strommitte hinnehmen, wenn die „DDR" den Schießbefehl wenigstens auf der Elbe aufgäbe. Dazu war die SED bislang nicht bereit. Ihre Sprecher verkündeten kalt, das sei „natürlich" kein Verhandlungsthema*, berichtete das Hamburger Abendblatt.[21]

---

[17] POTTHOFF, Heinrich: Bonn und Ostberlin 1969-1982. Dialog auf höchster Ebene und vertrauliche Kanäle. Darstellung und Dokumente. Bonn 1997, S. 56.

[18] HÄRTLE, Hans-Hermann; SÄLTER, Gerhard: Die Todesopfer an Mauer und Grenze. Probleme einer Bilanz des DDR-Regimes. In: Deutschland Archiv. Zeitschrift für das vereinigte Deutschland 39 (2008), Heft 4, S. 667–676.

[19] LANGEN, Claus-Einar: Schukow und Montgomery waren über die Elbgrenze einig. In: Unser Mecklenburg Nr. 446 (1982), S. 24.

[20] POTTHOFF (wie Anm. 17), S. 415.

[21] HOFFMANN, Egbert A.: Deutsch-deutsche Grenzkommission verhandelt in Warnemünde. In: Hamburger Abendblatt 11.12.1975.

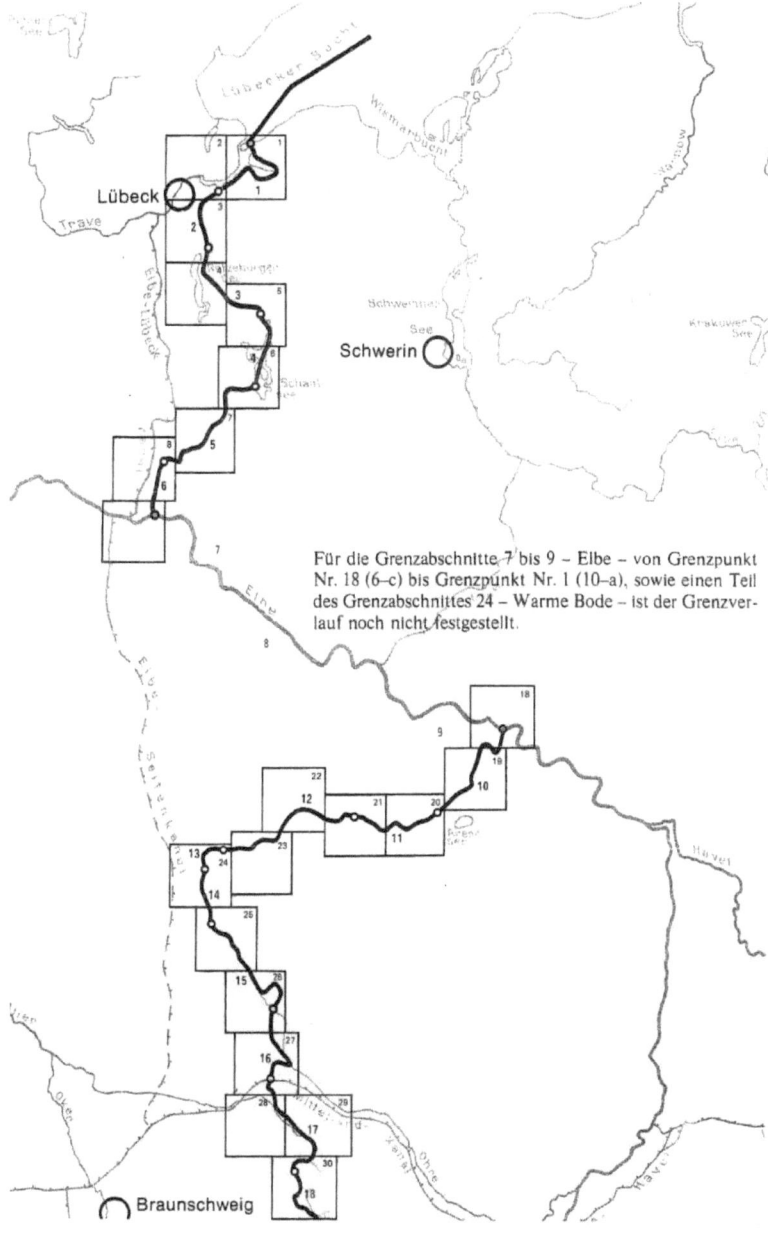

Für die Grenzabschnitte 7 bis 9 – Elbe – von Grenzpunkt Nr. 18 (6–c) bis Grenzpunkt Nr. 1 (10–a), sowie einen Teil des Grenzabschnittes 24 – Warme Bode – ist der Grenzverlauf noch nicht festgestellt.

Abbildung 2
Anlage zum Protokoll der Grenzkommission 1975

Im Jahr 1977 unterbreitete Helmut Schmidt Erich Honecker einen 25-Punkte-Plan. Darin wurde als Zusatz zur Tätigkeit der Grenzkommission angefügt: *a) Ausklammerung des Elbe-Bereichs, b) Abschluss der übrigen Arbeiten.*[22] Mantraartig wurde wiederholt, dass die Grenzkommission insgesamt erfolgreich arbeite, aber in der Elbgrenzfrage keine Annäherung erzielt werden könne.

Schließlich wurde das *Protokoll über die Überprüfung, Erneuerung und Ergänzung der Markierung der zwischen der Bundesrepublik Deutschland und der Deutschen Demokratischen Republik bestehenden Grenze, die Grenzdokumentation und die Regelung sonstiger mit dem Grenzverlauf im Zusammenhang stehender Probleme vom 29. November 1978* mit dem Charakter einer völkerrechtlichen Vereinbarung beschlossen. (Abbildung 2) Ein Protokollvermerk zu Artikel 1 lautet: *Die Arbeiten zur Feststellung, Markierung und Verlaufs der Grenze im Bereich der Elbe sind noch nicht abgeschlossen und werden fortgesetzt.*[23]

Im März 1981 ließ Erich Honecker Helmut Schmidt eine *mündliche* Botschaft zukommen, in der das Thema wieder angesprochen wurde: *Eine einvernehmliche Festlegung des Grenzverlaufs [...] würde auch die Voraussetzungen für den Abschluß des weitgehend fertiggestellten Vertrages über den Binnenschiffsverkehr auf der Elbe und der Vereinbarungen über den Sportbootverkehr und den Fischfang auf der Elbe schaffen.*[24]

Im September führten der Leiter der Ständigen Vertretung der BRD, Klaus Bölling, und der Staatssekretär im DDR-Ministerium für Außenhandel, Alexander Schalck-Golodkowski, die Gespräche auf *Unterhändlerebene* weiter, um ein erneutes Treffen Honeckers mit Helmut Schmidt vorzubereiten. Schalck-Golodkowski deutete an, dass für Honecker die Elb-Grenze wesentlich sei.[25] Helmut Schmidt hielt eine Einigung zur Elb-Grenze zwar für aussichtslos, wollte mit Honecker aber unter vier Augen über das Thema reden. Ansonsten wolle er die Sache von den Landtagswahlen und der Wiederwahl Albrechts als Ministerpräsident *in einer angemessenen Schamfrist* abhängig machen.[26] Bei dem *Vier-Augen-Gespräch* im Dezember 1981 waren auch der DDR-Rechtsanwalt Wolfgang Vogel und der Staatsminister im Bundeskanzleramt, Gunter Hounker, als

---

[22] POTTHOFF (wie Anm. 17), S. 388.

[23] Die Grenzkommission. Eine Dokumentation über die Grundlagen und Tätigkeit. Bonn 1978, S. 21.

[24] POTTHOFF (wie Anm. 17), S. 573.

[25] Ebenda, S. 616.

[26] Ebenda, S. 646.

Protokollanten zugegen. *Zur Elbe-Grenze führt der Generalsekretär aus, daß die Grenzkommission gut gearbeitet habe [...]. Die Einigung über den noch strittigen Teil des Grenzverlaufs sei an MP Albrecht gescheitert. [...] Zur Elbe-Grenze-Problematik führt der Bundeskanzler aus, daß die Alliierten keine klare Lage hinterlassen hätten. Das Grundgesetz gebe dem Bundeskanzler kein Recht, eine bestehende Grenze der Bundesrepublik Deutschland zu verändern. Wohl aber gebe es das Recht, festzustellen, wo eine Grenze wirklich liegt. [...] Unter Hinweis auf die im März in Niedersachsen stattfindende Landtagswahl bemerkt der Bundeskanzler, daß es nur Sinn habe, das Gespräch über die Elbe-Grenze dann wieder aufzunehmen, nachdem diese Wahl vorbei ist. Mit dieser Bemerkung, so der Bundeskanzler, wolle er nicht andeuten, daß sich die Bundesregierung in dieser Frage bewegen können wird. [...] (In diesem Zusammenhang erwähnt der Generalsekretär englische Unterlagen, aus denen die Grenze in der Strommitte hervorgehe.) [...] Der Generalsekretär stellt die Frage, wie MP Albrecht daran interessiert werden könnte, sich bei der Frage der Elbe-Grenze zu bewegen. Offensichtlich müsse man ihm etwas bieten, damit er sein Gesicht wahren könne.*[27]

Im Mai versuchte Ewald Moldt als Leiter der Ständigen Vertretung der DDR in Bonn bei dem im Bundeskanzleramt tätigen Hans-Jürgen Wischnewski etwas Druck aufzubauen, um *im Laufe der Monate Mai oder Juni 1982 die Arbeiten zur Feststellung des Grenzverlaufes auf der Elbe zwischen Beauftragten beider Regierungen in der Grenzkommission wieder aufzunehmen. Gleichzeitig könnten die Verhandlungen zu anderen Fragen, die den Grenzabschnitt der Elbe betreffen, fortgesetzt werden. Die Regelung dieser Fragen steht naturgemäß in einem engen Zusammenhang mit der Feststellung des Grenzverlaufes.*[28]

Helmut Schmidt dämpfte die Erwartung: *Jeder Versuch, diese Frage unter Zeitdruck lösen zu wollen, kann eine Regelung nur erschweren.*[29] Parallel fand am 14. Juni 1982 ein Gespräch zwischen Ministerpräsident Ernst Albrecht und Herbert Häber, Leiter der Westabteilung im ZK der SED, in Hannover statt, in dem Albrecht sagte: *Er gehe immer noch davon aus, daß entsprechend dem Londoner Protokoll* [vom 12.9.1944 – W.K.] *die Grenze zur DDR im Elbbereich am Ostufer verlaufe. Der Bundeskanzler habe mit ihm gesprochen und ihm angekündigt, die Bundesregierung wolle Unterlagen liefern, die Niedersachsen*

---

[27] Ebenda, S. 666–669.

[28] Ebenda, S. 727.

[29] Ebenda, S. 737.

nicht besitze. [...] [Albrecht] vermied jedoch jede Andeutung, die als Bereit-schaft zu einer Korrektur seiner bisherigen Haltung ausgelegt werden könnte.[30] Am 1. Oktober 1982 löste die CDU mit Helmut Kohl den SPD-Bundes-kanzler Helmut Schmidt ab. Die Bemühungen der SPD in der Elbgrenzfrage gingen aber weiter. Der Jurist und Politologe Dieter Schröder war für die SPD-Fraktionen im Bundestag und in den Landtagen von Niedersachsen und Schles-wig-Holstein 1984 aktiv. Sein *Gutachten über den Verlauf der Grenze zwischen der britischen Besatzungszone/Bundesrepublik Deutschland und der sowjeti-schen Besatzungszone/Deutsche Demokratische Republik von Elbkilometer 472,6 bis Elbkilometer 566,3* wurde am 25. März 1985 in einer Pressekonferenz in Kiel vorgestellt. Er belegte, dass die Alliierten die Elbgrenze nicht genau de-finiert hatten.[31] Die Gegenreaktion kam prompt. Stephan Georg Sassenroth von der Christian-Albrechts-Universität Kiel, Institut für internationales Recht, ver-fasste im Auftrag der Kieler CDU-Regierung ein Gegengutachten, das am 30. April 1985 vorlag. Sein Fazit: *Nach der hier vertretenen Auffassung kann dabei der in dem Gutachten von Schröder vorgenommenen Auslegung dieser Bestim-mungen des Londoner Protokolls nicht gefolgt werden.*[32] Schröder legte darauf am 3. August eine erweiterte Fassung seines Gutachtens vor.[33] Wenig später publizierte er seine Ansichten.[34] Er kommt zu dem spektakulären Schluss, *daß außerhalb des Neuhauser Streifens gewichtige Hinweise auf einen Grenzverlauf am Nordost-Ufer nicht gegeben sind, während ein Grenzverlauf in der Strom-mitte aus guten Gründen zu vertreten ist, der vor allem der britischen Auffassung völlig entspricht. Diesen Grenzverlauf nimmt auch die DDR heute an. [...] Aber es fällt schwer zu lernen, daß die DDR einmal der Wahrheit nahe kommen könnte, während die Bundesrepublik Deutschland einen Irrtum verficht. [...] Das Problem der Elbe-Grenze sollte auch zum Nachdenken über diese Einstel-lung anregen, selbst wenn das Verhalten der DDR in anderen Fragen das nicht immer fördert.*[35] Staatsrechtliche Folgen hatten die Gutachten nicht.

---

[30] Stiftung Archiv der Parteien und Massenorganisationen der DDR im Bundesarchiv (SAPMO), Zentrales Parteiarchiv der SED IV, Nr. 2/2035/86.

[31] LHAS, 10.9-S/32 Schröder, Dieter, Nr. 3.

[32] SASSENROTH, Stephan Georg: Gutachten über den Verlauf der Grenzlinie zwischen der Bundesrepublik Deutschland und der Deutschen Demokratischen Republik im Elbabschnitt von Stromkilometer 472,6 bis Stromkilometer 566,3 erstattet für die Regierung des Landes Schleswig-Holstein am: 30.4.1985, S. 2.

[33] LHAS, 10.9-S/32 Schröder, Dieter, Nr. 3.

[34] SCHRÖDER, Dieter: Die Elbe-Grenze, Rechtsfragen und Dokumente. Baden-Baden 1986.

[35] Ebenda, S. 65 f.

In der Bundesrepublik entbrannte Mitte der 1980er Jahre eine Monate anhaltende Mediendebatte um die Elbgrenzlinie.[36] Auch der Bundestag befasste sich wiederholt mit der Frage, ohne Fortschritte zu erreichen.[37]

Das Kommuniqué nach dem Besuch Erich Honeckers auf Einladung von Helmut Kohl vom 7. bis 11. September 1987 in der Bundesrepublik erwähnt die Elbgrenze nur indirekt. *Beide Seiten würdigten die Arbeit der Grenzkommission. Sie bekundeten ihre Absicht, im Sinne des Regierungsprotokolls vom 29. November 1978 Aufgaben der Grenzkommission, soweit sie noch nicht gelöst sind, zum Abschluß zu bringen.*[38]

Die Kommission legte am 12. April 1989 ein *Protokoll zur Ergänzung des Regierungsprotokolls vom 29.11.1978* vor, mit dem offiziell die Arbeit der Grenzkommission endete. Anlage 2 enthält eine Erklärung der DDR: *Gleichwohl muss darauf verwiesen werden, daß auch mit diesem Protokoll der genaue Verlauf der Elbgrenze noch nicht festgestellt und dokumentiert werden konnte. [...] Durch die Erfüllung der vertraglichen Verpflichtungen zur Grenzfeststellung können beide Staaten, die Entwicklung von Vertrauen und Zusammenarbeit zwischen ihnen und nicht zuletzt die Nutzer und Anwohner der Elbe nur gewinnen.* Die Bundesrepublik vermerkte in Anlage 3: *Zur Elbgrenze: Die Regierung der Bundesrepublik Deutschland verschließt sich keineswegs den Verpflichtungen aus dem Grundlagenvertrag. Die Prüfung der Frage im Detail, aber auch die Gespräche auf politischer Ebene haben die Erkenntnis bestätigt, daß es außerordentlich schwierig ist, eindeutige Ergebnisse zu gewinnen, um so zu einvernehmlichen Lösungen zu gelangen.*[39] Anlage 4 enthält eine Pressemeldung der staatlichen DDR-Nachrichtenagentur ADN: *Volkmar Fenzlein begrüßte namens der Regierung der DDR den Abschluß des Protokolls als Ausdruck einer normalen, der Staatenpraxis entsprechenden Behandlung und Regelung der mit dem Grenzverlauf zusammenhängenden Fragen. Er bekräftigte die Notwendigkeit, entsprechend der Verpflichtung des Grundlagenvertrages und des Gemeinsamen Kommuniqués vom 8. September 1987 nunmehr den Grenzverlauf im Bereich der Elbe einvernehmlich Mitte Strom festzustellen.*[40] Das blieb das letzte Wort der DDR dazu.

---

[36] LHAS, 10.9-S/32 Schröder, Dieter, Nr. 6.

[37] Deutscher Bundestag, 10. Wahlperiode Drucksache 10/3615 04.07.85.- 11. Wahlperiode Drucksache 11/842 21.09.87.

[38] Neues Deutschland, Nr. 212, 09.09.1987, S. 1.

[39] BStU, MfS Sekretariat Neiber, 05.04 Grenzkommission der DDR und der BRD, Grenzkarten, Nr. 703.

[40] Neues Deutschland, Nr. 87, 13.04.1989, S. 2.

Mit der DDR verschwand 1990 auch die Frage der Staatsgrenze in der Elbe. 1992 schien mit der Umgliederung des Amtes Neuhaus an Niedersachsen eine Klärung der innerdeutschen Grenze in Sicht, aber das Land wollte *das Amt Neuhaus nur aufnehmen, wenn in demselben Vertrag die strittige Frage der Elbgrenze in ihrem Sinne gelöst wird: Die Niedersachsen wünschen, daß die Grenze zwischen den beiden Ländern in der Flußmitte verläuft – und nicht am mecklenburgischen Ufer. Dann nämlich müßten die Hannoveraner die teuren Schiffe der Wasserschutzpolizei nicht allein bezahlen. [...] Der Schweriner Innenminister Georg Diederich aber mag nicht einsehen, was das Amt Neuhaus mit der Flußgrenze zu tun hat. Die Dörfer hätten nach der Rückgliederung „ja keine Elbgrenze mehr".*[41] Im *Staatsvertrag zwischen den Ländern Mecklenburg-Vorpommern und Niedersachsen über die Umgliederung der Gemeinden im ehemaligen Amt Neuhaus und anderer Gebiete nach Niedersachsen vom 9. März 1993* ist die Formulierung enthalten: *Soweit die Grenze des Umgliederungsgebietes zum Land Mecklenburg-Vorpommern dem Lauf eines Gewässers folgt, verläuft sie in der Mitte des Gewässers.*[42] Diese Formulierung trügt, weil sie nur für die Rögnitz und Sude, aber nicht für die Elbe gilt.

Der Grenzverlauf ist bis heute ungeklärt.[43]

Abbildungsnachweise

Abbildung 1
Karte (Ausschnitt) zum Vertrag zwischen dem Großherzogtum Mecklenburg-Schwerin und dem Königreich Preußen über die Elbgrenze zwischen Lauenburg und Lenzen 1873
Museum Festung Dömitz

Abbildung 2
Anlage zum Protokoll über die Überprüfung, Erneuerung und Ergänzung der Markierung der zwischen der Bundesrepublik Deutschland und der Deutschen Demokratischen Republik bestehenden Grenze, die Grenzdokumentation und die Regelung sonstiger mit dem Grenzverlauf im Zusammenhang stehender Probleme vom 29. November 1978
BStU Berlin, MfS Sekretariat Neiber, 05.04 Grenzkommission der DDR und der BRD, Grenzkarten, Nr. 703

---

[41] Der Spiegel 9 (1992), 24.02.1992, S. 76.

[42] Bundesgesetzblatt 1993, Teil I, S. 1513, 1514.

[43] Auskunft: Siglinde Liedtke, Dezernatsleiterin Topographisch-kartographische Geoinformation im Landesamt für innere Verwaltung Mecklenburg-Vorpommern 23.06.2015.

Die Elbe heute –

Lebensader eines UNESCO-Biosphärenreservats

VON JOHANNES PRÜTER UND NORBERT BURGET

Einleitung

Die Öffnung der innerdeutschen Grenze im Jahr 1989 ermöglichte nach den Jahrzehnten der Trennung wieder einen einheitlichen Blick auf die Untere Mittelelbe-Niederung. Es wurde umgehend klar, welche herausragenden Werte der biologischen Vielfalt in der weithin naturnah erhaltenen Kulturlandschaft der Elbaue und angrenzender Gebiete noch erhalten waren (PRÜTER et al. 2013). So entstand das Ziel, diese Werte für zukünftige Generationen zu bewahren. Mit der Rückgliederung der Gemeinde Amt Neuhaus und angrenzender Teile der Stadt Bleckede nach Niedersachsen kam diesem Bundesland dabei die flächenmäßig umfänglichste Verantwortung für den lange als innerdeutsche Grenze fungierenden Elbverlauf zwischen Schnackenburg und Hohnstorf nebst angrenzenden Flächen der Flussniederung zu (Abbildung 1).

Man entschied sich länderübergreifend, diesen Raum ergänzt um die zu Brandenburg und Mecklenburg-Vorpommern gehörenden Teile und gemeinsam mit den oberhalb und unterhalb anschließenden Bereichen der Bundesländer Sachsen-Anhalt und Schleswig-Holstein in ein großräumig konzipiertes UNESCO-Biosphärenreservat „Flusslandschaft Elbe" zu integrieren. Daraus entstand für die fünf am UNESCO-Biosphärenreservat beteiligten Bundesländer die Verpflichtung, ihre jeweiligen Gebietsteile naturschutzrechtlich zu sichern und gleichzeitig die bestmöglichen Voraussetzungen für eine nachhaltige Regional- und Tourismusentwicklung zu schaffen.

In diesem Beitrag werden die Ziele, die mit der Einrichtung eines Biosphärenreservats verbunden sind, kurz umrissen und die wesentlichen Schritte hin zur Anerkennung und Einrichtung des UNESCO-Biosphärenreservats „Flusslandschaft Elbe" benannt. Es wird zudem beispielhaft für den niedersächsischen Teil, der nach Landesrecht als Großschutzgebiet „Biosphärenreservat Niedersächsische Elbtalaue" ausgewiesen worden ist, dargelegt, wie die heutigen konzeptionellen Vorgaben für die Entwicklung des Raumes umgesetzt werden.

Abbildung 1
Blick stromaufwärts über die Elbtalaue im Bereich der Stadt Bleckede

Das UNESCO-Programm „Der Mensch und die Biosphäre" (MAB)

Im Jahr 1970 wurde auf der 16. Generalkonferenz der UNESCO das interdisziplinär ausgerichtete zwischenstaatliche Programm „Der Mensch und die Biosphäre (MAB)" ins Leben gerufen. Neben zunächst vorrangigen wissenschaftlichen Fragen zum wechselseitigen Verhältnis des Menschen und seiner natürlichen Lebensgrundlagen ging es bald auch darum, ausgewählte, repräsentative und von besonderer biologischer Vielfalt geprägte Regionen weltweit als Modellregionen auszuweisen. Hier sollen zukunftsfähige Lebens- und Wirtschaftsweisen (fort-)entwickelt oder entsprechende neue

Konzepte beispielhaft erprobt werden (DEUTSCHES MAB-NATIONALKOMI-TEE 2004). In der Fortschreibung der Strategien und Aktionspläne (aktuell im Lima Aktionsplan von 2016) kommen die Ansprüche an die Biosphären-reservate als Modellregionen für eine nachhaltige Entwicklung zunehmend deutlich zum Ausdruck.

In den Leitbildern für die Nationalen Naturlandschaften Deutsch-lands, formuliert vom Dachverband Europarc Deutschland im Jahre 2005, heißt es zu den Biosphärenreservaten unter anderem:

Biosphärenreservate sind Modellregionen, in denen das Zusammenleben von Mensch und Natur beispielhaft entwickelt und erprobt wird. Sie schüt-zen Kulturlandschaften vor zerstörenden Eingriffen und erhalten und entwi-ckeln wertvolle Lebensräume für Mensch und Natur. Sie sorgen für ein aus-gewogenes Verhältnis von menschlicher Nutzung und natürlichen Kreisläu-fen und tragen damit zur regionalen Wertschöpfung bei. Biosphärenreser-vate ermöglichen exemplarische Erkenntnisse für Forschung und Wissen-schaft über die Wechselwirkungen von natürlichen und gesellschaftlichen Prozessen. Und weiter heißt es dort: *Ihr Ziel ist es, dass an die Stelle einer bedenkenlosen Naturbeherrschung durch den Menschen die Beherrschung des Verhältnisses von Mensch und Natur tritt.*

Aktuell gibt es 669 UNESCO-Biosphärenreservate in 120 Staaten der Erde, davon 15 in Deutschland (Stand März 2017). Die heute in Deutschland geltenden Kriterien für die Anerkennung und Überprüfung von Biosphären-reservaten der UNESCO bilden den Maßstab, nach denen diese Gebiete in zehnjährigem Turnus evaluiert werden (DEUTSCHES MAB NATIONALKOMI-TEE 2004 und 2007, DEUTSCHER RAT FÜR LANDESPFLEGE 2010).

Zur Entwicklung des UNESCO-Biosphärenreservats „Flusslandschaft Elbe"

Vor dem Hintergrund der Öffnung der innerdeutschen Grenze wurde bei di-versen gemeinsamen Treffen von Vertretern des behördlichen und verband-lichen Naturschutzes aus Ost und West umgehend die Idee geboren, sich gemeinsam für einen übergreifenden Schutz der Unteren Mittelelbe-Niede-rung einzusetzen und sich um die naturschutzgerechte und nachhaltige Ent-wicklung dieser einmaligen Flusslandschaft zu kümmern. Ausgehend von dem schon seit 1979 bestehenden UNESCO-Biosphärenreservat „Mittlere Elbe" mit dem unterhalb Dessau gelegenen Steckby-Lödderitzer Forst im

Kern ging es um eine Ausweitung des Gebietes unter Einschluss der gesamten Unteren Mittelelbe-Niederung bis zum Stauwehr Geesthacht, das heute die Grenze zur tidebeeinflussten Unterelbe bildet. Im Ergebnis dieses Prozesses haben heute die fünf Bundesländer Schleswig-Holstein und Niedersachsen sowie Mecklenburg-Vorpommern, Brandenburg und Sachsen-Anhalt Anteil an diesem Gebiet (Abbildung 2).

Der Weg hin zur Anerkennung des länderübergreifenden Biosphärenreservats „Flusslandschaft Elbe" und weitere Wegmarken bei der Umsetzung der Ziele des UNESCO MAB-Programms werden im Folgenden chronologisch aufgeführt (nach BURGET 2017):

Im Ergebnis des hier chronologisch nachgezeichneten Prozesses besteht das UNESCO-Biosphärenreservat „Flusslandschaft Elbe" seit nunmehr 20 Jahren. Die 1992 ins Leben gerufene Länderarbeitsgemeinschaft (LAG) der obersten Landesnaturschutzbehörden und Verwaltungsstellen der Biosphärenreservate hat sich als kooperatives Lenkungsgremium für alle länderübergreifenden Fragen bewährt. Der Vorsitz wechselt zwischen den Bundesländern im zweijährigen Rhythmus. Eine gemeinsame Informationsplattform für das Biosphärenreservat, auf der sich schwerpunktmäßig Hinweise auf länderübergreifende Projekte finden, wurde unter www.flusslandschaft-elbe.de eingerichtet.

Biosphärenreservat
Flusslandschaft Elbe

Abbildung 2
Das 1997 anerkannte UNESCO-Biosphärenreservat Flusslandschaft Elbe
im aktuellen räumlichen Zuschnitt

Tabelle 1:
Geschichte des UNESCO-Biosphärenreservats „Flusslandschaft Elbe"

16.03.1990	Beschluss des Ministerrates der DDR Nr. 18/I 42/90 vom 16.03.1990 zur Information über den Stand und die vorgesehene Entwicklung von Biosphärenreservaten, Nationalparks und Naturschutzparks in der DDR (so genanntes „Nationalparkprogramm"). Mit dem Beschluss wird auch der Weg geebnet, im Bereich zwischen Boizenburg und Potsdam bei Quitzöbel einen Naturschutzpark zu bilden und zu entwickeln.
19.03.1990	Bei der Ministerkonferenz der Elbe-Anliegerländer am 19.03.1990 wird auf Initiative Hamburgs die Ausweisung eines Nationalparks Elbtalaue zwischen Lauenburg und Wittenberge empfohlen. Das Niedersächsische Landwirtschaftsministerium als oberste Naturschutzbehörde in Niedersachsen wird gebeten, die notwendigen Vorbereitungen gemeinsam mit den zuständigen Dienststellen der DDR einzuleiten. Auf dieser Grundlage nimmt die Bezirksregierung Lüneburg anschließend Kontakte mit dem Rat des Bezirks Schwerin und dem Rat des Bezirks Magdeburg auf, um Möglichkeiten gemeinsamer Schutzbemühungen zu eruieren. Dabei entstehen erste Konzepte auch zur Unterschutzstellung von Flächen.
15.05.1990	Bei der 19. Tagung des Bezirkstages Schwerin wird die Festlegung von Natur- und Landschaftsschutzgebieten sowie eines Storchenschongebietes zur Bildung und Entwicklung der Naturschutzparks „Schaalsee" und „Mecklenburgisches Elbetal" beschlossen (Beschluss Nr. 89 des Bezirkstages Schwerin vom 15.05.1990). Im Anschluss daran wird der Bezirkstag Schwerin durch die Beschlüsse Nr. 90 bis 92 aufgelöst.
12.09.1990	Erlass der Verordnung über die Festsetzung von Natur- und Landschaftsschutzgebieten von zentraler Bedeutung als Biosphärenreservat Mittlere Elbe (vgl. GBl. der DDR vom 01.10.1990, Sonderdruck Nr. 1474). Das 1979 von der UNESCO als Biosphärenreservat anerkannte DDR-Naturschutzgebiet „Steckby-Lödderitzer Forst" und die 1988 hinzu gekommene Erweiterungsfläche „Dessau-Wörlitzer Kulturlandschaft" werden um weitere Bereiche ergänzt und miteinander räumlich verbunden.
03.10.1990	Beitritt der Deutschen Demokratischen Republik zur Bundesrepublik Deutschland (Wiedervereinigung).
10.12.1990	Vertreter der Bundesländer Sachsen-Anhalt, Brandenburg, Mecklenburg-Vorpommern und Niedersachsen befürworten in Hannover die Erstellung einer naturschutzfachlichen Rahmenkonzeption für die Untere Mittelelbe-Niederung, das die Grundlage für Schutz-, Pflege- und Entwicklungsmaßnahmen bilden soll. Das Land Niedersachsen erklärt sich bereit, die Kosten für das länderübergreifende

	Gutachten zu übernehmen. Niedersachsen übernimmt in diesem Zusammenhang auch die Kosten für eine Infrarot-Luftbildbefliegung für den Betrachtungsraum.
23.01.1991	Konstituierende Sitzung einer Arbeitsgruppe aus Vertreterinnen und Vertretern des Naturschutzes aus Niedersachsen, die die Erstellung der naturschutzfachlichen Rahmenkonzeption begleiten soll.
März 1991	Auf Veranlassung des Niedersächsischen Umweltministeriums beauftragt die niedersächsische Fachbehörde für Naturschutz das Planungsbüro Dierking mit der Erstellung der verabredeten länderübergreifenden naturschutzfachlichen Rahmenkonzeption. Der Untersuchungsraum reicht von Quitzöbel bis Sassendorf und hat eine Größe von circa 129.100 ha.
11.11.1991	8. Umweltministerkonferenz der Elbe-Anliegerländer in Hannover. Bekräftigung des Zieles der Ausweisung eines Großschutzgebietes in der Elbtalaue. Beschluss über die Einsetzung einer länderübergreifenden Arbeitsgruppe, die das Anfang 1991 in Auftrag gegebene Gutachten zum Schutz und zur Entwicklung des Elbetales zwischen Quitzöbel und Sassendorf auswerten sowie der Ministerkonferenz einen Entscheidungsvorschlag für den bestmöglichen Schutz der Elbtalaue unterbreiten soll.
31.03.1992	Konstituierung der Arbeitsgruppe der obersten Naturschutzbehörden der Elbe-Anliegerländer unter dem Vorsitz Niedersachsen in Umsetzung der Beschlusses der Naturschutzministerkonferenz vom 11.11.1991 (Anfänge der heute noch existieren Länder-AG für das UNESCO-Biosphärenreservat „Flusslandschaft Elbe").
15.08.1992	Fertigstellung der „Naturschutzfachlichen Rahmenkonzeption für die Untere Mittelelbe-Niederung zwischen Quitzöbel und Sassendorf" (so genanntes „Dierking-Gutachten"), in dem erstmals länderübergreifend Natur und Landschaft an der Mittelelbe analysiert und eine Konzeption für ein Großschutzgebiet zwischen Quitzöbel und Sassendorf entwickelt wird.
01.03.1993	Naturschutzministerkonferenz der Elbe-Anliegerländer in Hitzacker (Niedersachsen), bei der die wesentliche Weichenstellung für ein länderübergreifendes UNESCO-Biosphärenreservat gelegt wird. Auftrag an die Arbeitsgruppe der obersten Naturschutzbehörden, über das Deutsche MAB-Nationalkomitee bei der UNESCO bis spätestens Herbst 1993 einen Antrag auf Anerkennung als Biosphärenreservat zu stellen. Die Konferenz spricht sich in diesem Zusammenhang dafür aus, dass das bislang geplante Großschutzgebiet zwischen Quitzöbel und Sassendorf mit dem vorhandenen Biosphärenreservat „Mittlere Elbe" verbunden wird.
03.06.1993	Vorantrag der Elbe-Anliegerländer Sachsen-Anhalt, Brandenburg, Mecklenburg-Vorpommern, Niedersachsen und Schleswig-Holstein auf Anerkennung als UNESCO-Biosphärenreservat an das Deutsche

	MAB-Nationalkomitee mit dem Ziel, Hinweise für die weitere Antragsbearbeitung zu erhalten.
14.10.1993	Sachsen-Anhalt reicht einen gemeinsam erarbeiteten Orientierungsantrag auf Anerkennung eines UNESCO-Biosphärenreservates beim MAB-Nationalkomitee ein.
27.06.1994	Unterzeichnung der „Dömitzer Erklärung" auf der Festung Dömitz in Mecklenburg-Vorpommern durch Umweltministerin Griefahn (Niedersachsen) und die Umweltminister Platzeck (Brandenburg) und Jelen (Mecklenburg-Vorpommern). Bekräftigung des Willens, gemeinsam ein Großschutzgebiet in der Elbtalaue einzurichten. Auftrag an die Umweltministerien, die sich durch ein länderübergreifendes Schutzgebiet ergebenden Entwicklungschancen herauszuarbeiten. Appell an den Bundesminister für Verkehr, keinen Ausbau der Elbe voranzutreiben.
09.11.1994	Umweltministerin Heidecke (Sachsen-Anhalt) schließt sich der „Dömitzer Erklärung" an.
08. und 09.12.1994	Das Deutsche MAB-Nationalkomitee nimmt den Vorantrag der Elbe-Anliegerländer für den Bereich Quitzöbel bis Sassendorf zustimmend zur Kenntnis und regt an, den Lückenschluss zwischen dem geplanten Großschutzgebiet im Bereich zwischen Quitzöbel und Sassendorf und dem bestehenden Biosphärenreservat „Mittlere Elbe" in Sachsen-Anhalt herzustellen. Wesentlicher Anstoß für ein UNESCO-Biosphärenreservat, das sich von Lauenburg bis zur sächsischen Grenze erstreckt.
25.03.1995	Umweltministerin Dr. Müller (Schleswig-Holstein) schließt sich der „Dömitzer Erklärung" an.
1996	Gründung der Kommunalen Arbeitsgemeinschaft zur Zusammenarbeit im Elbetal (KAG) in Stendal mit dem Ziel, die länderübergreifende Kooperation auf kommunaler Ebene im der Flusslandschaft Elbe zu verbessern und sich gegenüber den Ländern hinsichtlich der Erhaltung und Entwicklung der Elbtalaue aus kommunaler Sicht zu positionieren. Zwischen den Landkreisen Lüneburg, Ludwigslust, Lüchow-Dannenberg, Prignitz, Jerichower Land, Ohrekreis und Stendal wird hierzu ein Kooperationsvertrag abgeschlossen. Anmerkung: Die KAG existiert heute nicht mehr.
15.12.1997	Anerkennung der „Flusslandschaft Elbe" als UNESCO-Biosphärenreservat im Rahmen des Programms „Der Mensch und die Biosphäre" (MAB) gemäß Entscheidung des International Coordinating Council. Das Gebiet erstreckt sich über einen ca. 400 km langen Stromabschnitt der Unteren Mittelelbe und hat eine Größe von insgesamt 342.848 ha.
22.04.1998	Bei der 18. Sitzung der „Ständigen Arbeitsgruppe der Biosphärenreservate Deutschlands" (AGBR) in Brambach/Elbe bei Zerbst wird

	den am Großschutzgebiet „Flusslandschaft Elbe" beteiligten Bundesländern offiziell die Urkunde vom 15.12.1997 über die Anerkennung als UNESCO-Biosphärenreservat übergeben.
2000	Gründung der Arbeitsgemeinschaft Umweltbildung an der Elbe (AGUBE). Zusammenschluss von 22 Umweltinformations- und Umweltbildungseinrichtungen im Biosphärenreservat „Flusslandschaft Elbe".
09.04.2002	Eröffnung einer gemeinsamen Geschäftsstelle für das länderübergreifende UNESCO-Biosphärenreservat in Havelberg (Brandenburg). Die Finanzierung erfolgt im Wesentlichen durch Brandenburg und Sachsen-Anhalt. Anmerkung: Die Geschäftsstelle existiert heute nicht mehr.
Dezember 2006	Das von den am UNESCO-Biosphärenreservat beteiligten Ländern und der ARCADIS Consult GmbH erarbeitete „Rahmenkonzept für das länderübergreifende UNESCO-Biosphärenreservat Flusslandschaft Elbe" liegt vor.
10.12.2007	Fertigstellung des Berichtes zur Überprüfung des Biosphärenreservates „Flusslandschaft Elbe" für den Berichtszeitraum 1997 bis 2007 (Text- und Anlagenband).
02.06.2008	Schreiben des Deutschen MAB-Nationalakomitees an den Sekretär des MAB-Programms bei der UNESCO über die durchgeführte Evaluierung des Biosphärenreservates „Flusslandschaft Elbe" sowie Schreiben an die Staatssekretäre der Elbe-Anliegerländer über das Evaluierungsergebnis mit Hinweisen zur Umsetzung.
08.04.2009	Schreiben des Sekretärs des MAB-Programms der UNESCO an die Vorsitzende des Deutschen MAB-Nationalkomitees über die Ergebnisse der Beratung des International Coordinating Council am 12./13.02.2009 über die vorgelegte Evaluierung. Es wird bestätigt, dass das Biosphärenreservat die drei vorgegebenen Funktionen für UNESCO-Biosphärenreservate und die Biosphärenreservatskriterien erfüllt. Empfehlungen für Verbesserungen werden gegeben.
04.10.2012	Naturschutzkonferenz in Tangermünde anlässlich 15 Jahre UNESCO-Biosphärenreservat Flusslandschaft Elbe
Dezember 2015	Auftakt für die zweite periodische Überprüfung des UNESCO-Biosphärenreservats
März 2017	Der Bericht für die zweite periodische Überprüfung des UNESCO-Biosphärenreservats „Flusslandschaft Elbe" wird an die Geschäftsstelle des MAB-Nationalkomitees in Bonn gesandt.

Merkmale der biologischen Vielfalt in der „Niedersächsischen Elbtalaue"

Die herausragende biologische Vielfalt hinsichtlich der in der Unteren Mittelelbe-Niederung noch vorhandenen Landschaftsstrukturen und ihrer Artenausstattung gab Anlass, diesen Raum in weiten Teilen als FFH-Gebiet und Europäisches Vogelschutzgebiet in die NATURA 2000-Gebietskulisse aufzunehmen und naturschutzrechtlich adäquat zu sichern. Wesentliche Merkmale der biologischen Vielfalt werden nach Prüter (2015) wie folgt zusammengefasst:

Eine Ursache für den bestehenden Artenreichtum ist, großräumig gesehen, die Lage des Gebietes im Übergangsbereich zwischen dem eher von ozeanischem Klima geprägten Nordwesten Niedersachsens und den schon kontinentaler beeinflussten östlichen Landesteilen. Zahlreiche ansonsten schwerpunktmäßig südöstlich oder sogar mediterran verbreitete Tier- und Pflanzenarten finden in diesem Gebiet ihre Arealgrenze. In ihrer Längserstreckung bildet die untere Mittelelbe auch einen wichtigen Korridor für wandernde Vogelarten im Rahmen des ostatlantischen Zugwegs. Die ohnehin reiche Brutvogelfauna dieses Raumes wird so durch zahlreiche Zug- und Gastvogelarten ergänzt (DEGEN et al. 2009, WÜBBENHORST et al. 2014). Deren bedeutende Mengen haben mit dazu beigetragen, dass die „Elbaue zwischen Schnackenburg und Lauenburg" bereits 1976 als Feuchtgebiet internationaler Bedeutung im Rahmen der internationalen Ramsar-Konvention benannt worden ist (Abbildung 3).

Abbildung 3
Die nordischen Gastvögel (hier Bläss- und Saatgänse) nutzen die offene
Niederungslandschaft an der Elbe während der Zugzeiten als Rastplatz

Abbildung 4
Der von Silberweiden geprägte Weichholz-Auwald ist ein
prioritärer Lebensraumtyp nach der europäischen FFH-Richtlinie

Abbildung 5
Blütenreiche Stromtalwiesen gehören zu den charakteristischen
Lebensraumtypen der unteren Mittelelbeniederung

Abbildung 6
Seeadler kreisen heute wieder regelmäßig über den Elbauen

Abbildung 7
Der Biber hat die gesamte untere Mittelelbeniederung auf natürlichem
Wege wiederbesiedelt

Kleinräumig für die biologische Vielfalt maßgeblich ist das oft enge Nebeneinander unterschiedlicher Standorte, von zum Teil trocken-warmen Geest- und Dünenhängen über die wechselfeuchten Auen bis zu den unterschiedlichen Gewässertypen des Elbtals. Hinzu kommt die enge Verzahnung naturbelassener und kulturbedingter Lebensräume, letztere oftmals als Relikte traditioneller Landnutzungsformen. Dazu zählen zum Beispiel die an krautigen Blütenpflanzen reichen Stromtalwiesen oder die Flechten-Kiefernwälder auf extrem nährstoffarmen Sandstandorten, die durch regelmäßige Nutzung der organischen Streuauflagen ihren besonderen Charakter erhalten haben.

Neben dieser Vielfalt auf engem Raum ist es die hohe zeitliche Dynamik im Wechsel der Hoch- und Niedrigwasserphasen, die den daran besonders angepassten Spezialisten der Tier- und Pflanzenwelt in der Aue Lebensmöglichkeiten bieten. Zu diesen Spezialisten zählen als „Stromtalarten" bezeichnete Gefäßpflanzen mit besonderen Anpassungen an Überflutungsregimes ebenso wie Tierarten, die z. B. die nach jedem Hochwasser immer wieder neu entstehenden Pionierlebensräume am Flussufer besiedeln (SCHOLZ et al. 2005). Für das Elbtal typisch sind auch die nur zeitweise Wasser führenden Qualmwassertümpel, die zu Hochwasserzeiten auch binnendeichs durch aufdrängendes Grundwasser entstehen. Da diese Tümpel in der Regel fischfrei sind, stellen sie insbesondere für Amphibien sowie Kleinkrebse und andere wirbellose Tierarten wichtige Reproduktionsorte dar.

Aus all den genannten Gründen sticht die Niedersächsische Elbtalaue im Ergebnis landesweiter Erfassungsprogramme für Tier- und Pflanzenarten im Osten des Landes Niedersachsen vielfach als besonders artenreich hervor (GARVE 2007, KRÜGER et al. 2014).

Die grundlegenden Ziele des Arten- und Biotopschutzes werden innerhalb der gemäß FFH- und EU-Vogelschutzrichtlinie gemeldeten Natura 2000-Gebietskulisse, die den weit überwiegenden Teil des Biosphärenreservats umfasst, auf die sogenannten wertgebenden Arten- und Lebensraumtypen fokussiert. Als solche sind im Biosphärenreservatsgesetz insgesamt 70 verschiedene Vogelarten, 12 sonstige Tierarten und 23 Lebensraumtypen gelistet, für die die „Niedersächsische Elbtalaue" eine besondere Bedeutung hat (Beispiele s. Tab. 2, Abb. 4, 5, 6, 7). Für sie ist die Entwicklung eines günstigen Erhaltungszustands rechtsverbindlich vorgegeben. Aufstellung und Umsetzung entsprechender Erhaltungs- und Entwicklungspläne gehören somit zu den Aufgaben der Biosphärenreservatsverwaltung.

Tabelle 2

Ausgewählte natürliche Lebensraumtypen (LRT) von gemeinschaftlichem Interesse und wertbestimmende Tierarten im FFH-Gebiet „Elbeniederung zwischen Schnackenburg und Geesthacht" gemäß Biosphärenreservatsgesetz von 2002 (Auswahl jeweils aufgrund besonderen Bezugs zu Aue und Gewässern)

FFH-Lebensraumtypen
Natürliche eutrophe Seen (LRT 3150)
Flüsse mit Schlammbänken (LRT 3270)
Feuchte Hochstaudenfluren (LRT 6430)
Brenndolden-Auenwiesen (LRT 6440)
Magere Flachland-Mähwiesen (LRT 6510)
Weichholz-Auenwälder (LRT 91E0)
Hartholz-Auenwälder (91F0)
Wertbestimmende Tierarten gemäß Anhang II der FFH-Richtlinie
Biber (*Castor fiber*)
Fischotter (*Lutra lutra*)
Kammmolch (*Triturus cristatus*)
Rotbauchunke (*Bombina bombina*)
Eremit (*Osmoderma eremita*)
Heldbock (*Cerambyx cerdo*)
Bachneunauge (*Lampetra planeri*)
Rapfen (*Aspius aspius*)
Schlammpeitzger (*Misgurnus fossilis*)
Steinbeißer (*Cobitis taenia*)

Für einige der genannten Lebensraumtypen und Arten finden sich in der Niedersächsischen Elbtalaue die aus landesweiter Sicht bedeutendsten Vorkommen. Das gilt zum Beispiel für die an Flussauen gebundenen Hart- und Weichholz-Auwälder, letztere in der Ausprägung als uferbegleitender Silberweiden-Auwald. Das gilt auch für die auf wechselfeuchte Bodenverhältnisse angewiesenen Brenndoldenwiesen, die sogar aus bundesweiter Sicht im Elbtal ihre Hauptvorkommen haben.

Unter den Tierarten ist der Elbe-Biber als Charakterart hervorzuheben. Er hat das Gebiet seit den 1980er-Jahren ausgehend von der autochthonen Restpopulation an der Mittelelbe in Sachsen-Anhalt auf natürlichem Weg wiederbesiedelt. Der aktuelle Bestand in der Niedersächsischen Elbtalaue liegt in der Größenordnung von rund 50 Revieren.

Für die Rotbauchunke gilt, dass sie heute an der unteren Mittelelbe sogar ihr einziges niedersächsisches Vorkommen hat. Sie nutzt, zeitlich flexibler als viele andere Amphibienarten, die nur zeitweise Wasser führenden flachen und besonnten Qualmwassertümpel in extensiv genutztem Grünland bevorzugt für die Reproduktion.

Für die beiden wertbestimmenden Großkäferarten, den Eremit und den Großen Heldbock, ist der stellenweise landschaftsprägende Bestand an alten Stieleichen in der Elbaue entscheidend. Noch sind die z.t. mehrere hundert Jahre alten Baumveteranen vielerorts vorhanden. Da sich Nachwuchs in der rezenten Aue aktuell offensichtlich aber nur sehr sporadisch etabliert, muss, wo möglich, über Nachpflanzungen versucht werden, langfristig Habitatkontinuität zu sichern.

Zur Umsetzung der Erhaltungs- und Entwicklungsziele im Biosphärenreservat „Niedersächsische Elbtalaue"

Mit der einstimmigen Verabschiedung des Gesetzes über das Biosphärenreservat „Niedersächsische Elbtalaue" durch den Niedersächsischen Landtag im Jahr 2002 wurde der rechtliche Rahmen für die Sicherung und Entwicklung des niedersächsischen Anteils am länderübergreifenden UNESCO-Biosphärenreservat „Flusslandschaft Elbe" im Einklang mit den Zielen des MAB-Programms der UNESCO geschaffen. Die im Alten Rathaus der Stadt Hitzacker ansässige Biosphärenreservatsverwaltung sichert die Einheitlichkeit der Erhaltung und der Entwicklung des Biosphärenreservats und nimmt für die wie ein Naturschutzgebiet gesicherten Flächen (Gebietsteil C) auch die Aufgaben der unteren Naturschutzbehörde wahr.

Für das gesamte Biosphärenreservat „Niedersächsische Elbtalaue" wurde im Jahre 2009 ein Biosphärenreservatsplan erstellt, der für diesen Raum den Landschaftsrahmenplan ersetzt und unter anderem Aussagen zu den Erfordernissen und Maßnahmen zum Schutz, zur Pflege und zur Entwicklung von Natur und Landschaft enthält, zudem Empfehlungen für die Förderung einer nachhaltigen Raumnutzung sowie Schwerpunkte der gebietsbezogenen Forschung und Information (BRV 2009).

Für die Umsetzung der sehr komplexen Zielstellungen des Biosphärenreservats spielen Kooperations- und Vernetzungsvorhaben eine besondere Rolle, auch in der Zusammenarbeit mit den angrenzenden Regionen.

Ein Beispiel dafür ist das länderübergreifende Netzwerk der Partnerbetriebe des Biosphärenreservats. Viele Unternehmen und Betriebe der Bi-
osphärenregion folgen der Idee des nachhaltigen Wirtschaftens: rücksichts-
voll gegenüber Mensch und Natur, energie- und ressourcenschonend und
vielfältig eingebunden in regionale Kreisläufe. Die Zertifizierung erfolgt
durch die von den Biosphärenreservatsverwaltungen eingerichteten Verga-
beräte. Damit wirken unter anderen Hotels und Pensionen, Gastronomiebe-
triebe, Bildungseinrichtungen, Handwerker und Händler oder Landwirte als
Botschafter der „Idee Biosphärenreservat" und gleichzeitig als Vorbilder für
Gäste, Kunden und andere Betriebe (Abbildung 8).

Abbildung 8
Regelmäßige Treffen fördern die Zusammenarbeit im Netzwerk der Partnerbetriebe des UNESCO-Biosphärenreservats

Auch die „Arche-Region Flusslandschaft Elbe" ist ein länderüber-
greifendes Netzwerk, bestehend aus anerkannten Archebetrieben und priva-
ten Haltern, die sich um die Erhaltung alter, vom Aussterben bedrohter Nutz-
tierrassen und damit um ein wichtiges Segment der Sicherung der biologischen Vielfalt bemühen. Im Jahr 2011 erhielt die Flusslandschaft Elbe von

der Gesellschaft zur Erhaltung alter und gefährdeter Haustierrassen (GEH) die Anerkennung als Arche-Region, die erste ihrer Art in Deutschland.

Bei der Entwicklung eines nachhaltigen, landschaftsangepassten Tourismus gibt es ebenfalls vielfältige Kooperationen, zum Beispiel in der Ausgestaltung und Bewerbung des beliebten Elberadwegs, in dem Zusammenwirken mit den Kommunen unter anderem in der Metropolregion Hamburg oder in der Zusammenarbeit mit dem angrenzenden Naturpark „Elbhöhen-Wendland" zur Gestaltung einer gemeinsamen Tourismusregion „Elbtalaue-Wendland".

Neben den der Region zur Verfügung stehenden EU-Fördermitteln (zum Beispiel LEADER) gibt es speziell auf das Erlebnis der landschaftlichen Werte ausgerichtete Förderprogramme des Landes Niedersachsen, um im Biosphärenreservat eine Infrastruktur mit attraktiven Anlaufpunkten zu schaffen. Beispiele dafür sind die Aussichtstürme entlang des Elberadwegs oder das Projekt „Zeitfenster" am Höhbeck bei Gartow, das die besonderen historischen Stätten an diesem Ort erschließt. Überdies gibt es ein Netzwerk vom Land geförderter Informationseinrichtungen, die Bewohnern und Gästen mit unterschiedlichen Schwerpunkten Interessantes über die Region vermitteln: das „Biosphaerium Elbtalaue – Schloss Bleckede" als Informationszentrum, das „Archezentrum" in Neuhaus als Informationshaus sowie Informationsstellen in Preten, Konau, Dannenberg und Gartow.

In der Metropolregion Hamburg gibt es unter dem Titel „Biosphärenverband Elbe-Schaalsee" eine enge Zusammenarbeit mit den entsprechenden Informations- und Bildungseinrichtungen im Westen Mecklenburg-Vorpommerns, zum Beispiel in der Festung Dömitz oder auf dem Elbberg in Boizenburg. Besondere Bildungs- und Informationsangebote halten auch die Zertifizierten Natur- und Landschaftsführer bereit, die sich durch erfolgreiche Teilnahme an von der Biosphärenreservatsverwaltung ausgerichteten Fortbildungskursen qualifiziert haben. Um speziell auch Kinder an die Themen des Biosphärenreservats heranzuführen, hat sich das bundesweit erprobte Konzept der „Juniorranger" bewährt. Derartige Gruppen gibt es an einigen Schulen der Region oder außerschulisch zum Beispiel dort, wo Ranger die Betreuung übernehmen können.

Bei der Erhaltung und Entwicklung einer artenreichen Kulturlandschaft ist die Zusammenarbeit mit Land- und Forstwirtschaft für die Biosphärenreservatsverwaltung von großer Bedeutung. Förderprogramme des Landes zur Nutzungsextensivierung, die auf freiwilliger Basis in Anspruch genommen werden können, bedürfen regionsspezifischer fachlicher Grundlagen sowie begleitender Information und Beratung, für die die Verwaltung

Sorge trägt. Ziel dieser Förderprogramme im Grünland sind insbesondere die blumenreichen Flachland-Mähwiesen und Stromtalwiesen, die es an der unteren Mittelelbe in noch vergleichsweise großer Ausdehnung gibt. Honorierte freiwillige Leistungen auf den Ackerflächen der Niedersächsischen Elbtalaue beziehen sich vor allem auf die Duldung der nordischen Gastvögel; Schwäne und Gänse, die sich im Winterhalbjahr in großen Schwärmen bevorzugt auf mit Raps und Wintergetreide bestellten Flächen niederlassen.

Im Frühjahr ist es der Wiesenvogelschutz, der besondere Aufmerksamkeit erfordert. Kiebitz, Großer Brachvogel, Bekassine oder Wachtelkönig haben in den zurückliegenden Jahrzehnten so dramatische Bestandseinbußen erlebt, dass die wenigen verbliebenen Brutvögel nur noch durch gezielte aufwändige Schutzmaßnahmen an den Brutplätzen erhalten werden können. Verbesserung der Wasserhaltung in den Grünlandgebieten dort wo möglich, kurzfristig mit den Landwirten zu treffende Vereinbarungen z.b. zu Nutzungsverzögerungen oder mobile Zäunung der Gelege zum Schutz vor Beutegreifern sind Beispiele für die alljährlich zum Schutz der Wiesenvögel wahrzunehmenden Aufgaben.

Darüber hinaus gibt es zahlreiche weitere Projekte des Arten- und Biotopschutzes, die sich schwerpunktmäßig auf diejenigen Arten und Lebensraumtypen beziehen, für die das Biosphärenreservat aufgrund deren z.T. sehr eng begrenzten Vorkommens eine besondere Verantwortung trägt (vgl. Tabelle 2).

Auch in länderübergreifende Vorhaben, die die Entwicklung der Elbe unmittelbar betreffen, ist das Biosphärenreservat intensiv eingebunden. Das betrifft zum einen die Erarbeitung und zukünftig die Umsetzung des im Januar 2017 beschlossenen „Gesamtkonzepts Elbe" des Bundes und der elbanliegenden Länder, mit dem die verkehrliche Nutzung der Binnenelbe, die wasserwirtschaftlichen Notwendigkeiten und die Erhaltungsziele des Naturschutzes für den Fluss und die begleitenden Auen in Einklang gebracht werden sollen. Hier ist die gesamte Länderarbeitsgemeinschaft für das UNESCO-Biosphärenreservat Flusslandschaft Elbe beteiligt.

Zum anderen sind es die drängenden Aufgaben zur Verbesserung des Hochwasserabflusses an der unteren Mittelelbe, an denen die Biosphärenreservatsverwaltung, eingebunden in fachübergreifende Arbeitskreise, aktiv mitwirkt. Ein entsprechender Rahmenplan liegt vor (NLWKN 2017), der die hydraulischen Problemstellungen benennt und Hinweise auf mögliche Lösungen gibt. Die Biosphärenreservatsverwaltung koordiniert in diesem Zusammenhang ein kooperatives Auenmanagement, das in Zusammenarbeit insbesondere mit der Landwirtschaft darauf abzielt, Landschaftsstrukturen in der Aue zu erhalten bzw. zu entwickeln, mit denen die Zielsetzungen des Naturschutzes und des Hochwasserschutzes bestmöglich in Einklang zu bringen sind. Die nach wie vor bestehenden Belastungen der Elbsedimente mit Schwermetallen und chlororganischen Schadstoffen, Folgen jahrzehntelanger Misswirtschaft im Einzugsgebiet der Elbe, sind dabei eine erhebliche Erschwernis.

Aktuelle Informationen zu den genannten und weiteren Aktivitäten für die Entwicklung des Biosphärenreservats zu einer nicht mehr von Grenzen und Trennung, sondern von zukunftsfähiger Zusammenarbeit geprägten Modellregion nachhaltiger Entwicklung finden sich unter www.elbtalaue.niedersachsen.de.

Zusammenfassung

Nach der Grenzöffnung 1989 wurde an der deutschen Binnenelbe über rund 400 Stromkilometer und unter Beteiligung von fünf Bundesländern das Biosphärenreservat „Flusslandschaft Elbe" eingerichtet und 1997 im Rahmen des zwischenstaatlichen Programms „Der Mensch und die Biosphäre (MAB)" von der UNESCO anerkannt. Die politisch-administrativen Schritte hin zur Entwicklung dieses UNESCO-Biosphärenreservats werden chronologisch dargestellt. Für den von der Biosphärenreservatsverwaltung Niedersächsische Elbtalaue in Hitzacker betreuten niedersächsischen Anteil an der unteren Mittelelbe, das nach Landesrecht ausgewiesene Biosphärenreservat „Niedersächsische Elbtalaue", wird beispielhaft skizziert, wie Konzept und rechtliche Vorgaben für die Entwicklung des Biosphärenreservats umgesetzt werden.

Literatur

BURGET, NORBERT (2017): GESCHICHTE DES UNESCO-BIOSPHÄRENRE-SERVATES „FLUSSLANDSCHAFT ELBE". UNVERÖFFENTLICHTES MANU-SKRIPT. NIEDERSÄCHSISCHES MINISTERIUM FÜR UMWELT, ENERGIE UND KLIMASCHUTZ. HANNOVER.

BRV, BIOSPHÄRENRESERVATSVERWALTUNG NIEDERSÄCHSI-SCHE ELBTALAUE (Hrsg. 2009): BIOSPHÄRENRESERVATSPLAN NIEDER-SÄCHSISCHE ELBTALAUE. HITZACKER, 296 S.

DEGEN, Axel; KÖNIGSTEDT, Brigitte; WÜBBENHORST, Jann (2009): Gastvo-gelmanagement in der Niedersächsischen Elbtalaue. – Informationsdienst Naturschutz Niedersachsen 29/1, S. 3–39.

DEUTSCHER RAT FÜR LANDESPFLEGE (Hrsg. 2010): Biosphärenreservate sind mehr als Schutzgebiete – Wege in eine nachhaltige Zukunft. – Schrif-tenreihe des Deutschen Rates für Landespflege, Heft 83.

DEUTSCHES MAB-NATIONALKOMITEE (Hrsg. 2007): Kriterien für die An-erkennung und Überprüfung von Biosphärenreservaten der UNESCO in Deutschland. – Bundesamt für Naturschutz, Bonn.

DEUTSCHES MAB-NATIONALKOMITEE (Hrsg. 2010): Voller Leben, UNE-SCO-Biosphärenreservate – Modellregionen für eine nachhaltige Entwick-lung. – Springer-Verlag Berlin, Heidelberg.

GARVE, E. (2007): Verbreitungsatlas der Farn- und Blütenpflanzen in Nie-dersachsen und Bremen. – Naturschutz und Landschaftspflege in Nieder-sachsen, Heft 43, 507 S.

KRÜGER, T., LUDWIG, J., PFÜTZKE, S., ZANG, H. (2014): Atlas der Brutvögel in Niedersachsen und Bremen 2005-2008. – Naturschutz und Landschafts-pflege in Niedersachsen, Heft 48, 552 S.

NLWKN, NIEDERSÄCHSISCHER LANDESBETRIEB FÜR WASSERWIRT-SCHAFT, KÜSTEN- UND NATURSCHUTZ (Hrsg. 2017): Abflussverbessernde Maßnahmen an der Unteren Mittelelbe – Rahmenplan, Teil Niedersachsen.– Norden, 62 S.

PRÜTER, Johannes; GARBE, H.; GEMPERLEIN, J., HOLLERBACH, A., PUHL-MANN, G. (2013): III-3.10 UNESCO Biosphärenreservat Flusslandschaft

Elbe Schutzgebiete in Deutschland. In: KONOLD, W.; BÖCKER, R.; HAMPI-CKE, U. (Hrsg.): Handbuch Naturschutz und Landschaftspflege. – 28.ERG. LFG. 04/13.

PRÜTER, Johannes (2015): Die Elbe im Biosphärenreservat „Niedersächsi-sche Elbtalaue". – Neues Archiv für Niedersachsen; Flüsse in Niedersachsen 2/2015: 72-87.

SCHOLZ, M.; STAB, S.; DZIOCK, F.; HENLE, K. (Hrsg. 2005): Lebensräume der Elbe und ihrer Auen. – Konzepte für die nachhaltige Entwicklung einer Flusslandschaft, Bd. 4. Weißensee Verlag Berlin.

WÜBBENHORST, J.; PEERENBOHM, C.; SANDKÜHLER, K. (2014): Brutvögel in der Niedersächsischen Elbtalaue – Erfassungen im EU-Vogelschutzgebiet V 37 „Niedersächsische Mittelelbe" 2005-2011. – Informationsdienst Na-turschutz Niedersachsen 34: 93-156.

Bildnachweise

Abbildung 1
Blick stromaufwärts über die Elbtalaue im Bereich der Stadt Bleckede
Foto Lerch/Ulmer

Abbildung 2
Das 1997 anerkannte UNESCO-Biosphärenreservat Flusslandschaft Elbe im aktuellen
räumlichen Zuschnitt
Biosphärenreservatsverwaltung „Niedersächsische Elbtalaue"

Abbildung 3
Die nordischen Gastvögel (hier Bläss- und Saatgänse) nutzen die offene Niederungsland-
schaft an der Elbe während der Zugzeiten als Rastplatz
Foto: Prüter

Abbildung 4
Der von Silberweiden geprägte Weichholz-Auwald ist ein prioritärer Lebensraumtyp
nach der europäischen FFH-Richtlinie
Foto: Prüter

Abbildung 5
Blütenreiche Stromtalwiesen gehören zu den charakteristischen Lebensraumtypen der
unteren Mittelelbeniederung
Foto: Prüter

Abbildung 6
Seeadler kreisen heute wieder regelmäßig über den Elbauen
Foto: Lerch/Ulmer

Abbildung 7
Der Biber hat die gesamte untere Mittelelbeniederung auf natürlichem Wege wiederbe-
siedelt
Foto: Lerch/Ulmer

Abbildung 8
Regelmäßige Treffen fördern die Zusammenarbeit im Netzwerk der Partnerbetriebe des
UNESCO-Biosphärenreservats
Foto: Nessler

Der Festungskurier Themen der Tagungen zur Landesgeschichte Mecklenburg / Vorpommern

Erhältlich im Museumsshop der Festung Dömitz.